2.Auflage

Herstellung und Verlag
BoD, Books on Demand
Norderstedt

Text, Inhalt, Cover, Illustrationen
© 2017 by M.G.St. /Gabriele Steininger
ISBN: 9 783744 833998

Zwischen Brauchtum

&

Aberglaube

Von Hexen, Teufeln
und
anderen Ungeheuern

eine Sammlung
von
Gabriele Steininger

4

Inhalt

Zauberhaft

    ist all das

        Unerklärliche,

welches staunen lässt

    und zu faszinieren vermag.

Der Rest...

    - sei böse Hexerei.

10

Walpurgisnacht

Die Nacht der Hexen

Unheimlich ist sie - die Nacht. Mit all ihren Schatten und ihrer Finsternis. Besonders finster und mit ungutem Gefühl erwartet, die Nacht vor dem ersten Mai.
Die Walpurgisnacht gilt als das Hexenfest schlechthin.

Viele Namen hat man diesen dunklen Stunden schon gegeben und so sind sie unter anderem als:

"Hexenbrennen"
"Hexenritt"
"Hexentreiben"
oder
"Tanz in den Mai" bekannt.

Folgt man dem Aberglauben, so ist es die Nacht der Hexen, in der sie auf den Brocken fliegen, um auf dessen Gipfel mit dem Erscheinen des Teufels als Höhepunkt ums Feuer zu tanzen.

In dieser Nacht wird die Flugsalbe gebraut, welche die Besen fliegen lässt und auf ihrem Flug verteilt sich alles Übel über die Welt.

In der Rezeptur dieser Hexensalbe finden sich Zutaten wie Misteln, Johanniskraut, Stechapfel, Tollkirsche, Schierling und andere giftige Nachtschattengewächse. Die Vermutung liegt nahe, dass es bei der Anwendung auf der Haut durch die Giftstoffe zu einem Rauschzustand gekommen ist, der Halluzinationen über das Fliegen mit dem Besen und Orgien mit dem Teufel auslöste.

Gelächter und Brausen hört man in den Lüften, so erzählen die Überlieferungen und unterstützen so die Erlebnisberichte, welche aus den Mündern **echter Hexen** gekommen sein sollen.

Wehe jenen, die eines der zaubernden Weibsbilder bei ihren bösen Taten erblickten. Wer ein Gundelrebenkränzchen (weit verbreitetes Kraut) trüge, der sei in der Lage, alle Hexen zu erkennen.

Um dem Bösen entgegen zu wirken, brannten einst auf den Feldern der Bauern enorme Reisig- und Holzhaufen, in deren Flammen die Bäuerinnen geweihte Palmwedel hineinwarfen. Gekreuzt lagen die Strümpfe vor den Betten der Kinder, auf dass ihnen kein Unheil geschähe. Alles an Besen, Mitgabeln und anderen bestielten Werkzeugen auf dem Hof, musste aufrecht zum Stehen kommen.

In manchen Gegenden steckte man Messer in die Schlüssellöcher, um den Hexen den Eintritt unmöglich zu machen. Auch vor der Tür gekreuzte Besen sollten ein Eindringen verhindern. Mit geweihtem Salz bestreute man die Schwellen von Haus, Hof und Stallung, um sich, die seinen und das Vieh vor solch bösem Treiben zu bewahren. Das Anbringen von Baldrian-, oder Dost- Zweigen an den Ställen, so der Glaube, verhinderte die Verhexung des Viehbestandes. Der Geruch der Kräuter sei es, der den Hexen als so widerlich erscheinen sollte, dass sie sich nicht in die Nähe dieser Gebäude wagen würden.

Der Mesner ließ die Wetterglocke/Kirchenglocke klingen, denn wenn man mit geweihten Glocken läutet, können einem die bösen Weibern nichts anhaben, welche an den Kreuzungen zu dieser Zeit mit dem Teufel tanzten und ihr Unwesen trieben.

Die jungen Männer des Dorfes flochten zur Mitternacht (mit dem Geläut) Rindsschweifhaare in langen Peitschen (die "Goaßeln"). Dann wurde gewartet, auf Jene, die man jetzt mehr fürchtete, als in jeder anderen Nacht im Jahr. Als Abwehr gegen Hexen, bösen Geister und Dämonen zogen die jungen Männer mit knallender Peitsche durch die Straßen. Auf den Kreuzungen wurden die Goaßeln besonders laut geschnalzt, um eine Versammlung dieses schadhaften Volkes zu verhindern.

Mancherorts wurden Streiche gespielt. Ein beliebter Schabernack in der Walpurgisnacht war das Häckselstreuen. Heimliche Lieben wurden durch eine gelegte Spur aus Häcksel von einem Haus zum anderen aufgedeckt. Noch heute findet man in ländlicheren Gegenden den Brauch in abgewandelter Form. Weiße Kalkspuren ziehen sich über die Straße und zeigen so den Weg zwischen den Wohnorten von Pärchen an. Meist werden diese sichtbaren Verbindungen kurz vor der Hochzeit gezogen und sind in unserem Jahrhundert, unabhängig vom Datum, das ganze Jahr über zu finden. Ein weiterer Streich, der auch heute noch bekannt ist, besteht im Verziehen von Gerätschaften, welche lose auf Hof und Grundstück liegengelassen wurden. Von jungen Burschen auf hohe Bäume verbracht, auf Dachfirste, oder in der Dorfmitte gestapelt und verräumt, hat der Eigentümer am Maifeiertag seine liebe Mühe, sein Hab und Gut wieder einzusammeln. Auch heute noch ist es in den Dörfern so, dass man darauf achten sollte, was man in der Nacht vor dem 1. Mai im Freien vergisst.

Vor dem ersten Hahnenschrei trat niemand über die Schwelle vor sein Haus, um nicht doch noch einer Hexe zu begegnen, die in früher Stunde noch ihr Unwesen trieb.

Die magische Nacht enthielt aber auch Gutes. Gerne wurde sie zur Weissagung benutzt. Wollte man wissen, ob der Geliebte treu bleiben würde, pflanzte man zwei Vergissmeinnicht auf einem Stein in eine

Hand voll Erde. Wuchsen die Blumen auseinander und nicht zueinander hin, so war es ein untrügerisches Zeichen dafür, dass der Liebste es mit der Treue nicht so genau nahm.

Heilkräften sagt man dem Walpurgisöl nach, welches aus den, an der Bodenplatte des Sarkophags der heiligen Walburga, kondensierten Wassertropfen besteht. Seit 1078 bilden sich die Tropfen dort und werden von den Nonnen des Klosters St. Walburg in Fläschchen gefüllt.
Walpurgiskraut (Farngewächs) schützt vor Verhexung. Neben Milchkannen gelegt, soll es für mehr Rahm sorgen. Um die Fruchtbarkeit des Viehs zu erhöhen, verfütterten die Bauern es mit Brot zusammen.

Dabei hat die Namensgeberin dieser Nacht nichts mit Hexerei zu tun.
Die heilige Walburga (710 – 779) war eine englische Äbtissin, deren Gedenktag am 1. Mai, dem heutigen "Maifeiertag", oder auch "Tag der Arbeit" genannt, gefeiert wurde. Durch die Heiligsprechung, an einem 1. Mai durch Papst Hadrian II., wurde der Zusammenhang hergestellt.
Der heiligen Walburga werden zahlreiche Wundertaten zugeschrieben und sie gilt als Schutzpatronin der Seefahrer, Bäuerinnen und Mägde. Ebenso wird ihr nachgesagt, sie solle vor Hexen und bösen Geistern schützen.

Den Ursprung der Walpurgisfeier findet man in tiefer germanischer Vergangenheit, der sich durch eine Art opferreiches Frühlingsfest definierte. Als Ausdruck der Freude über das Ende der kalten Jahreszeit und Wotans Hochzeit (höchster germanischer Gott), wurden dabei böse Geister vertrieben. Bereits zu dieser Zeit verkleidete man sich mit furchterregenden Masken, zündete Feuer an und machte einen "Heiden" - Spektakel. In frühen Kalendern begann der Sommer am 1. Mai. So wurde der letzte Apriltag genutzt, um zu feiern und den Winter zu verabschieden.

Name und Inhalt dieses Festes wurde im Rahmen der Christianisierung angepasst. Als heidnisch angesehen, wurde der Brauch verboten. Feuer, Lärm und Tanz wurden als Hexenwerk abgetan. Wie auch bei anderen heidnischen Festen, wandelte die Kirche diesen Tag zu ihren Gunsten um. So wie aus dem Julfest unser heutiges Weihnachten und aus dem Fest Ostara Ostern wurde.

In der heutigen Zeit kennt man das alte Fest am letzten April als Maifest, Maitanz, oder Maistellen, aber auch unter anderen Betitelungen. Der Maibaum, als Zeichen der Fruchtbarkeit, wird traditionell in der Walpurgisnacht geschlagen und am 1. Mai aufgestellt. Die Zeitspanne dazwischen herrscht eine Maibaumwache. In dieser Nacht wird akribisch darauf geachtet, dass keines der umliegenden Dörfer den Maibaum stiehlt. Das hätte zur Folge, dass dieser ausgelöst werden muss. Meist beschreiben sich die Lösegeldforderungen in Bier und Brotzeiten.

Im Laufe der Zeit hat sich auch das Schlagen des Maibaumes vorverlagert. Die Walpurgisnacht beschäftigte in der Vergangenheit schon viele Menschen. Vor allem in künstlerischen und literarischen Werken wurde sie verarbeitet. Von Felix Mendelssohn Bartholdy, in seinem Opus 60 „Die erste Walpurgisnacht" und Goethe verewigte sie in „Faust".

(Goethes Faust - Vers 2540 bis 2566)

Faust wird von Mephisto in die Küche einer Hexe geführt. Diese soll ihm ein Gebräu zur Verjüngung anfertigen. Dabei liest sie einen Zauberspruch aus einem dicken Buch, der dieses Kunststück wirken soll.

Auszug:

"DU MUSST VERSTEHN
AUS EINS MACH ZEHN UND ZWEI LASS GEH'N
UND DREI MACH' GLEICH
SO BIST DU REICH
VERLIER' DIE VIER!
AUS FÜNF UND SECHS
MACH'SIEBEN UND ACHT
SO IST'S VOLLBRACHT.
UND NEUN IST EINS
UND ZEHN IST KEINS
DAS IST DAS HEXENEINMALEINS!"

FAUST: "Mich dünkt, die Alte spricht im Fieber."

DARAUF MEPHISTO:

"Das ist noch lange nicht vorüber,
ich kenn' es wohl, so klingt das ganze Buch;
ich habe manche Zeit damit verloren,
denn ein vollkommner Widerspruch
bleibt gleich geheimnisvoll für Kluge wie für Toren.
Mein Freund, die Kunst ist alt und neu.
Es war die Art zu allen Zeiten,
durch Drei und Eins, und Eins und Drei,
Irrtum statt Wahrheit zu verbreiten.
So schwätzt und lehrt man ungestört!
Wer will sich mit den Narr'n befassen?
Gewöhnlich glaubt der Mensch, wenn er nur Worte hört,
es müsse sich dabei doch auch was denken lassen."

In der Form, in welcher die Walpurgisnacht noch heute auf dem Brocken gefeiert wird, wurde sie erst Ende des 19. Jahrhunderts eingeführt. Dies geschah in Anlehnung an Goethes Werk, der die Nacht der Hexen damit popularisierte.

Als umfangreichste Walpurgisnacht lauern sie heute noch überall in der Gegend um den Brocken. Hexenpuppen, mit zerzausten Haaren, grässlichen Fratzen, zahnlückig und in Flickengewändern gekleidet.

Wie eine echte Walpurgis-Hexe auszusehen hat, unterscheidet sich von Gegend zu Gegend. Mal tragen sie Spitzhüte, Kopftücher, oder nur ihre wild zerzausten Haare auf dem Kopf. Röcke, Hosen, zerrissen, geflickt, oder lediglich aus Lumpen bestehend kleiden sie zusätzlich und weisen sie als echte Hexen aus.

In Schottland und Irland findet man das Fest Beltaine. Dieses ist mit der Bedeutung des Sommeranfangs gleich zu setzten, welcher im alten keltischen Kalender mit dem 1. Mai angegeben wird. Dabei wird der Gott Baal (Baal/Bel – keltischer Licht- und Feuergott), welcher Namensgeber des Festes Beltaine ist, in Feuern verbrannt. Auch dieser Brauch kann sich ortsweise unterscheiden.

Zur Begrüßung des Sommers schmückt man dort Haus und Garten üppig mit Blumen und Grün.

Die Sage aus dem Harz

Der Brocken, ein hoher Berg, der über alle umliegenden weit hinwegsieht, liegt im Harzgebirge. Wer von Teufelskult und Hexentaten, Zauberei und unguten Vorgängen, welche auf diesem Berg vor sich gehen spricht, der nennt ihn Blocksberg. Millionen von Felsstücken übersäen den kahlen Kamm. Einmal im Jahr, in der Nacht vom letzten April auf den ersten Mai, herrscht dort eine unheilige Zusammenkunft.

Der Hexentanzplatz (bei Thale) ist der erste Treffpunkt aller hexenden, unguten Wesen. Hexen und Zauberer der ganzen Welt reiten auf Besen, Mistgabeln, oder gar Ziegenböcken und Hähnen durch die Luft herbei, um in der Walpurgisnacht zu feiern.
Vom Tanzplatz aus geht es gemeinsam auf den Brocken, wo durch Zauberei bereits alles vorbereitet ist. Es wird um ein hohes Feuer getanzt, gelacht, gejauchzt und bis zur Erschöpfung gefeiert.
Der Höhepunkt des Festes besteht im Erscheinen des Teufels höchstpersönlich. Die Hexen tanzen -einen großen Kreis bildend- mit dem Rücken zum Feuer und küssen dem Teufel den Hintern.

Der Höllische tritt auf seine Kanzel und lästert Gott, dessen Lehre, die Engel und alle Heiligen. Zum Beschluss dieser Lästerei gibt er ein Mahl, welches auf dem Hexenaltar zubereitet, aus lauter Würsten besteht. Anschließend lassen sich die Hexen mit ihm vermählen, worauf er sie mit einem besonderen Mal (Hexenmal) zeichnet und ihnen damit die Fähigkeit zu zaubern gibt.

Keine Gnade gibt es für die Hexe, die als Schlusslicht zum Tanze mit dem Teufel kommt. Sie muss einen grausamen Tod sterben.

Es ist eine tödliche Umarmung des Höllenfürsten, durch welche sie in Stücke zerrissen wird.

Auf dem Hexenaltar liegt ihr zerstückeltes Fleisch als Warnung und als Speise, den anderen Besuchern dieses Treibens vorgesetzt.

Erst bei Sonnenaufgang verstreut sich die schlechte Meute in alle Himmelsrichtungen.

Sündenbock Hexe...

Wo das Vieh von Krankheit geplagt, die Ernte schlecht, oder der Mensch von Furunkeln und Warzen gequält wurde, gab man den Hexen die Schuld.

Die Ursachen für diese Erwählung, des Sündenbocks der Menschheit, sind sicher in den Lebendbedingungen zu finden, welche diese Zeit (15. – 17. Jahrhundert) beherrschten.
Kriege, Krankheit und die Folgen aus den damaligen Katastrophen, verursachten Angst und Panik.

➢ 1590 wüteten die spanischen Truppen in Deutschland.
➢ 1618 – 1648 litt das Volk unter dem 30 jährigen Krieg.
➢ Pestepidemien, welche bis zu 50% der Bevölkerung dahinrafften und
➢ die so genannte "kleine Eiszeit",

die ganze Ernten verdarb. Für diese Ereignisse verlangten die Bürger und Bürgerinnen nach einer Erklärung. Eine Erklärung, welche die Oberhäupter des Volkes nicht geben konnte. Wissenschaft und Gesundheitswesen waren noch nicht so weit entwickelt und auch die Politik hatte andere Ziele, wie sie heute vorzufinden sind.

Verschiedene Zeichen am Himmel,
wie zum Beispiel:

die partielle Sonnenfinsternis 1664 in Augsburg

schürten die Angst und wurden als Strafe Gottes gedeutet.

Prediger und Hexenjäger trugen die Kunde der bösen Weiber, die mit dem Teufel im Bunde waren, um all dieses Übel über die Menschheit bringen zu können, in das Land. Als Fachkundige auf diesem Gebiet, überzeugten sie die Masse der Menschen von der Existenz dieser schadhaften Wesen. Warum auch sollte man ihnen nicht Glauben schenken? Den Männern, die sich damit auskannten.
Der geringe zweifelnde Rest wurde gezwungener Maßen zu Mitläufern. Teils aufgrund der Angst, selbst auf dem Scheiterhaufen zu landen, sollten sie ihre Meinung darüber laut äußern.

Entgegen der landläufigen Meinung, welche die Hochzeit der Hexenverfolgung ins Mittelalter datiert, fand diese tatsächlich erst später statt. Die Wurzeln hingegen, finden sich in Ansätzen bereits in der Antike. Das alte Testament fordert, eine Hexe nicht am Leben zu lassen. Das Neue Testament erwähnt die Hexe nicht einmal.

Erst ab Ende des 15. Jahrhunderts entstand eine regelrechte Schwemme von Hexenprozessen in Deutschland. Die Verfolgung und Vollstreckung der Todesurteile erreichte ihr schrecklichstes Ausmaß während des 30 jährigen Krieges. Es ist die Zeit des "Hexenhammers", der uns heute noch ein Begriff ist.

Die Grundlage der Prozesse begründet sich in der Angst der Menschen. Hauptsächlich sah man im "Hexentum" eine Verschwörung des Teufels gegen die Christen.

Doch was genau ist eigentlich eine Hexe?

Im Volksglauben beschreibt das Wort eine zauberkundige Frau, welche mit dem Teufel im Bunde ist. Märchen beschreiben Hexen als böse, hässlich und alt.

Abgeleitet wird das Wort von hexse, hesse (mittelhochdeutsch), hagazussa (althochdeutsch), hagetisse, oder aus dem altenglischen hægtesse, was mit dem Ausdruck „gespenstisches Wesen" übersetzt werden kann.

Eindeutig geklärt ist die Herkunft nicht, doch die Annahme, die Bedeutung setze sich aus dem altnorddeutschem hagi (eingefriedetes Landstück), dem altenglischen haga, oder hæg (Hecke)und dem germanischen Wort tusio (böser Geist), oder dem norwegischen tysja (Elfe) zusammen, ist nahe liegend.

Wenn wir von einer Hexe sprechen, dann meinen wir damit im Grunde, einen „auf einem Zaun, oder einer Hecke sitzenden bösen Geist". Hexen werden in manchen Gegenden auch heute noch als Zaunreiterinnen bezeichnet, was die Annahme der Bedeutungsgrundlage des Wortes untermauert.

Nach dem neuheidnischen Glauben kann eine Hexe Vieles bewirken. Sowohl Böses, wie auch Gutes. So ist durch verschiedene Überlieferungen bekannt, dass Hexen das Wetter beeinflussen können, die eigene, oder auch die Gestalt fremder Menschen zu verändern in der Lage sind, Krankheiten bringen und nehmen können. Hexen können Menschen verfluchen, verwünschen, aber auch einen Bann von ihnen nehmen. Man dichtet ihnen unbegreifliche Heilkunst an und ein Wissen, dessen Umfang kein normaler Mensch in nur einem Leben erreichen könne.

Hexen leben nach den "alten Bräuchen", die oftmals als Heidenkult bezeichnet werden. Die Benennung der Feste, wie wir sie auch heute noch in unseren Kalendern finden, rührt oftmals in ihrem Ursprung von den Kelten her und ist eher umgewandelt und angepasst, als verbannt.

Der Dreschflegel...

Selten findet man Geschichten zur Walpurgisnacht, die nicht schon Äonen zurückzuliegen scheinen. Viele ältere Menschen erinnern sich noch an die Zeit, als sie noch Kinder waren. Besondere Ereignisse, die in dieser einen Nacht stattfanden, sind allerdings rar gesät. Eine dieser wenigen Geschichten passierte im Landkreis Cham (in der Oberpfalz / Bayern) und wurde mir so erzählt, wie ich sie hier wiedergeben möchte.

Als die Erzählerin noch ein kleines Mädchen war, empfand sie die Nacht zum ersten Mai immer als schlimmste Nacht im Jahr.
In dieser Nacht tat sie kein Auge zu und verkroch sich tief unter ihrer Bettdecke. Der Grund dafür war ein Dreschflegel.

Ihre Familie war streng katholisch. Dennoch achtete der Vater vor der Walpurgisnacht auf althergebrachte Bräuche. Sie erinnert sich, dass am letzten Apriltag jede bestielte Gerätschaft, die sich auf dem Hof befand, *verräumt* werden musste. Nichts durfte herumliegen und alles hatte bis zum Abend an seinem Platz zu stehen.

Der Knecht war nicht sehr froh darüber, den Ziegenbock, in dieser einen Nacht, mit in seine Kammer nehmen zu müssen, denn er stank erbärmlich. Trotzdem band er ihn, nach langen Diskussionen mit dem Bauern, mit einem Kälberstrick am Bettpfosten an.

Die Hexen sollten keine Gelegenheit haben, sich ein Reittier für den Flug auf den Brocken zu holen. Die Kinder banden Dostbüschel, die der Bauer am Abend an der Stall- und Haustür befestigte, damit die bösen Weiber bestimmt keinen Einlass bekämen.

Dann wurde es Nacht und Bauer, Bäuerin, Kinder, die Magd und der Knecht legten sich in ihre Kammern und Betten, um zu schlafen.

Mitten in der Nacht fing ein Getöse an. Der Wind pfiff um das Haus, als wollte er es komplett mitnehmen. Längst waren alle erwacht. Ein, um diese Jahreszeit ungewöhnlicher Sturm, fegte über den Ort und klirrend krachte Glas, irgendwo im Haus und die Magd, die auf der Ofenbank nächtigte, stieß spitze Schreie aus.

Die Eltern, und Kinder stoben aus ihren Betten und Zimmern. Sie stürmten die Stiege hinab in die Küche, wo sie die Magd kreidebleich auf der Ofenbank kauernd vorfanden. Hinter der Mutter versteckt, lugten die Sprösslinge des Bauern in den Raum des Geschehens.

Das Fensterglas war eingeschlagen. Scherben und Glassplitter lagen auf dem Boden verteilt und warfen das Licht der Laterne zurück, mit der das Familienoberhaupt nach der Ursache des nächtlichen Radaus suchte. Er musste zweimal fragen, weil die Magd so verängstigt war, dass sie anfangs kein Wort heraus brachte. Dann sprudelte es aufgeregt aus ihr heraus.

Die Hex' sei in das Fenster geflogen und habe mit dem Dreschflegel, auf dem sie geritten sei, das Fenster dabei zerschlagen. Sie bleibe nicht eine Stunde länger alleine in der Küche. Der Vater fragte, ob sie denn die Hex' erkannt hätte und ob sie sich sicher sei, dass es auch wirklich eine Hex' gewesen ist und nicht nur ein böser Scherz von Jungen aus dem Dorf. Da sagte sie, dass der Hund nicht angeschlagen habe, was er sicherlich getan hätte, wären Fremde auf den Hof gekommen. Es müsse eine Hex' gewesen sein, denn kein Mensch würde den Hofhund beruhigen und auch nicht auf einem Dreschflegel fliegen können. Zauberei müsse im Spiel gewesen sein und auch, wenn sie nicht erkannt habe wer es gewesen war, sei sie sich doch sicher, dass es ein Weibsbild gewesen ist, welches den Schaden verursacht habe.

Der Bauer erlaubte der Magd in dieser Nacht bei den Mädchen zu schlafen und sah vor die Tür, wo er nur den abflauenden Sturm und das Dostbüschel fand, welches auf der Schwelle lag.

Am nächsten Morgen bemerkte er das Fehlen seines eigenen Dreschflegels.

Erst Wochen später wurde die Gerätschaft am Ufer des Flusses Regen in einer Weide entdeckt. Der Schwengel stark angekohlt und der Stiel mit grauenvollem Schwefelgeruch, konnte er den Flegel nur noch hinfort werfen.

Gedicht zur Walpurgisnacht

Walpurgisnacht – Walpurgisnacht.
Am Berg droben scheppert's und es kracht.
Da Blitz schlagt ein, a Feuer brennt
und jedes Viech ums Leben rennt.

De Hexen kommen o mit Braus,
da Wind bläst fast as Feuer aus.
Im Wald drin biegen sich die Wipfel,
flieg'n die Hexen um an Gipfel.

Es duad an Schlag! Scho steht er da.
Der g'hörnte, feuerrote Mo.
Mit Pferdefuaß und Deifisschwanz,
bitt er de erste Hex zum Tanz.

A wuide Musi spuit jetzt auf.
Rund um des Feuer, drin und drauf,
fliag'n de Funken mit im Takt.
A Glächter kommt vom Deifispack.

Der Deifi packt des Hexenweib
und druckt se fest an ihren Leib.
Er schaut ihr tief in d' Augen nei
und flüstert:" Du bist jetzt de Mei"

A so is des scho immer G'wen
und jedes Jahr hab i es g'sehn
Da Deifi wählt se oane aus,
de nimmt er dann zu sich nach Haus.

Osternest

und

rote Eier

Die Frühlings- Tag-
und Nachtgleiche
Brauchtum

Frühlingsequinox und Ostara sind die Namen, welche man dieser Feier geben kann. Der Zeitpunkt ist vom Eintritt der Sonne in das Tierkreiszeichen Widder abhängig. Dies ist der Grund, warum der Termin schwankt und nicht stetig auf den gleichen Tag im Jahr fällt.

Astrologisch gesehen beginnt das Jahr zu genau diesem Zeitpunkt.

Der alte Glaube feierte den Sieg des Lichts über die Dunkelheit. Man könnte auch sagen, es wurde der Wechsel zwischen Wärme und Kälte gefeiert. In vielen Kulturen finden Feiern zur Begrüßung des Frühlings statt. Daher wundert es nicht, dass es eine Vielzahl an Osterbräuchen und Frühlingsritualen gibt, die in der einen, oder anderen Form bis heute zelebriert werden. Wir alle freuen uns, nach der Kälte des Winters, auf die ersten warmen Sonnenstrahlen und genießen es. Voller Sehnsucht nach Licht und Farbe, kaufen wir Primeln, Osterglocken und andere Frühjahrsblüher, die wir in hübschen Arrangements vor unseren

Haustüren postieren. Dieses Verhalten ist zwar kein Brauchtum im eigentlichen Sinne, erinnert mich persönlich aber an traditionelles Verhalten.

Wer seine Verfehlungen eine Woche vor Ostara aufschreibt und sie bereinigt, der wird nach altem Brauch unbelastet in das "neue Jahr" eintreten können und schafft sich dadurch einen positiven Start.

Das Eierwerfen ist nicht mehr ganz so verbreitet, wie es in früheren Zeiten war. Dabei werfen sich zwei Personen, über das Hausdach hinweg, hart gekochte Eier zu. Der Grund dafür ist nicht pauschal auf jeden Ort anzugeben. In manchen Orten wurde es gemacht, damit der Blitz nicht einschlägt. In anderen Gegenden glaubte man, wenn man die geweihten Eier über das Dach würfe, könne keine Hexe und auch nicht der Teufel selbst, einen Fuß mehr über den Hof setzen.

Speisenweihen sind auch heute noch weit verbreitet. Vielerorts sieht man am Ostersonntag die Menschen mit Körbchen in die Kirche gehen, um den Inhalt weihen zu lassen. Darin befinden sich meist Ostereier, Brot und Salz. Aber auch andere Speisen kann man in den Flechtwerken aus Weide finden.

Das Eierpicken kenne ich persönlich aus meiner Kindheit. Dabei nimmt jeder ein Ei in die Hand und immer zwei Leute schlagen, mit den spitzen Enden voran, die Eier zusammen. Gewonnen hat der, dessen Eierschale noch ganz ist. Er bekommt das Ei des Verlierers. Kleine Schummeleien, wie das Benutzen eines gefärbten Eies aus Gips, welches als Legehilfe bei Hennen zum Einsatz kommt.

In abgewandelter Form gibt es diesen Brauch auch als **Eierrollen.**
Hier werden die Eier über einen Hügel nach unten gerollt, wobei man versucht die gegnerischen Ovale zu beschädigen, um sie zu gewinnen.

Im Prinzip identisch, ist ein Brauch der sich **"Osteroarscheiben"** nennt. Eine schiefe Bahn aus Holz mit breiten Rinnen dient bei dem Spiel als Schanze. Die Teilnehmer lassen auf ihr die Ostereier über die Rillen in die Wiese rollen. Das Ei, welches am weitesten rollt, hat gewonnen und bringt seinem Besitzer alle anderen Eier dieses Durchlaufs ein.

Der Osterspaziergang wird oft mit Goethe in Verbindung gebracht. Wie bei der Walpurgisnacht, vermuten Viele den Brauch in Faust begründet.

(Johann Wolfgang von Goethe - Faust I)
Auszug:

Vor dem Tor

Vom Eise befreit sind Strom und Bäche,
durch des Frühlings holden, belebenden Blick,
im Tale grünet Hoffnungsglück;
der alte Winter, in seiner Schwäche,
zog sich in rauhe Berge zurück.
Von dort her sendet er, fliehend, nur
ohnmächtige Schauer körnigen Eises
in Streifen über die grünende Flur.
Aber die Sonne duldet kein Weißes.
Überall regt sich Bildung und Streben,
alles will sie mit Farben beleben;
doch an Blumen fehlt's im Revier,
sie nimmt geputzte Menschen dafür.
Kehre dich um, von diesen Höhen.
Nach der Stadt zurück zu sehen!
Aus dem hohlen finstern Tor,
dringt ein buntes Gewimmel hervor.

Jeder sonnt sich heute so gern.
Sie feiern die Auferstehung des Herrn,
denn sie sind selber auferstanden:
Aus niedriger Häuser dumpfen Gemächern,
aus Handwerks- und Gewerbes-banden,
aus dem Druck von Giebeln und Dächern,
aus der Straßen quetschender Enge,
aus der Kirchen ehrwürdiger Nacht,
sind sie alle ans Licht gebracht.
Sieh nur, sieh! Wie behend sich die Menge
durch die Gärten und Felder zerschlägt,
wie der Fluss in Breit und Länge
so manchen lustigen Nachen bewegt.
Und, bis zum Sinken überladen,
entfernt sich dieser letzte Kahn.
Selbst von des Berges fernen Pfaden
blinken uns farbige Kleider an.
Ich höre schon des Dorfs Getümmel,
hier ist des Volkes wahrer Himmel,
zufrieden jauchtzet Groß und Klein:
Hier bin ich Mensch, hier darf ich's sein!

So schön und frühlingshaft sich dieses literarische Werk auch liest, so ist es doch ein kirchlicher Ursprung, auf den unser Spaziergang zurückzuführen ist. Es geht um den Tag der Wiederauferstehung, an dem die Jünger das leere Grab entdeckten. Sie machen sich auf den Weg in die Stadt Emmaus, auf dem sich ein Unbekannter zu ihnen gesellt. Sie diskutieren die Vorkommnisse und erkennen Jesus in dem Unbekannten erst am Abend, als dieser das Brot bricht. (s. a. Lk 24/13-33)

In dieser Geschichte liegt der Emmaus-Gang begründet, welcher mit Gebet und Gesang durchgeführt wurde. Daraus entwickelte sich unser heutiger Osterspaziergang. Die Bedeutung änderte sich im 20. Jahrhundert teils in eine komplett andere, eine politische Richtung.

Die Ostermärsche der Friedensbewegung sind auch im Hier und Heute ein Begriff. Der erste Ostermarsch fand 1960 in Deutschland statt. Die Beweggründe lagen mit ihrem Schwerpunkt in der Abschaffung der atomaren Waffen in Mitteleuropa und wandelten sich dann zur internationalen Friedensarbeit um.

Spaziergänge wurden in früheren Zeiten zu vielen Feiertagen genutzt, um sich herausgeputzt in der Gesellschaft zu zeigen. Sie waren in einigen Zeitabschnitten unserer Entwicklung ein wahres Muss! Wer diese ungeschriebene Regel nicht erfüllte, wurde als Außenseiter angesehen und ausgegrenzt.

Das Gockelholen gilt den Damen. Diese sind in der Nacht von Karsamstag auf Ostersonntag damit beschäftigt, Geschenke vorzubereiten. Mit einer Leiter bewaffnet ziehen die Burschen aus, um sich diese Geschenke am Fenster zu holen. Manche finden an den Simsen Eier, ein Stammperl Schnaps, oder eine Halbe Bier. Wer Pech hat, der bekommt anstelle eines Geschenkes einen Eimer kaltes Wasser über den Kopf gekippt. Ob sich das "Fensterln" von diesem Brauch ableitet, kann ich nicht mit Gewissheit sagen, halte es aufgrund der Parallelen jedoch durchaus für möglich. Die Vorgehensweise und die passende Zeit für Frühlingsgefühle sprächen dafür.

Die Karfreitagsratschen erklingen in der Zeit zwischen Gründonnerstag bis zur Osternacht. In diesen Tagen erklingt keine katholische Kirchenglocke. Das knarrende und knatternde Geräusch holt stattdessen die Gläubigen in die Kirche, um den Gottesdienst zu feiern. Nebenbei ergattern die Ministranten bei diesen Umzügen kleine Sach- und Geldspenden. Der Legende nach, fliegen die Glocken der Kirchen nach Rom, wo sie an das Leiden Christi erinnern sollen.

Reich geschmückte Osterbrunnen findet man in vielen bayrischen Ortschaften während der Osterzeit. Der Ursprung dieses Brauches liegt in der Fränkischen Schweiz. Die Dekoration aus viel Grün, mit bunten Eiern verschönert, wird häufig in Form einer Krone am Brunnen angebracht, weshalb sie auch **Osterkrone** genannt wird. Als Erklärung für die Entstehung des Osterbrunnenbrauches wird oft die Wasserarmut in der Fränkischen Schweiz genannt. Durch den Mangel an Trinkwasser bekam die Versorgung mit diesem wertvollen Nass einen hohen Stellenwert in der Bevölkerung. Diese Entstehungsgeschichte ist eine Vermutung und kein belegbarer Hintergrund. Eindeutig geklärt wurde der Ursprung bis heute nicht.

Der Osterritt ist ein weit verbreiteter Brauch in Bayern. In vielen Orten finden die Ritte am Ostersonntag statt. Hierbei handelt es sich zumeist um Prozessionen, die durch die Christianisierung aus Heerschauen und Turnieren entstanden. Die Kirche integrierte diese Ereignisse in ihre kirchlichen Feste. Ritte und Prozessionen finden überwiegend im Frühjahr statt, wo sie zeitlich nahe zu den vorherigen heidnischen und militärischen Veranstaltungen verblieben.

Gründonnerstag ist traditionell der Tag, an dem die Eier gekocht und gefärbt werden. Aus meiner eigenen Kindheit kann ich berichten, dass es an diesem Tag immer Spinat, Salzkartoffeln und Eier gab. Meine Mutter setzte einen großen Topf mit dreißig Eiern auf den Herd und die Eier mit schadhaften Stellen in der Schale wurden zu Mittag gegessen. Die "Guten" wurden am Nachmittag gefärbt und anschließend mit Butter eingerieben, damit sie schön glänzten, wenn sie in den Nestern lagen. Dann wurden sie für den Osterhasen in den Vorratsraum gelegt, damit er sie am Ostersonntag mit den Nestern verstecken konnte.

Klammheimlich habe ich immer wieder in den Raum gelugt, ob der Osterhase die Eier schon geholt hätte. Leider konnte ich Meister Lampe nie selbst dabei beobachten.

Ein rotes Ei

Was wäre Ostern ohne Eier? Nicht halb so schön. Gefärbte, oder mit Motiven bemalte und hartgekochte Eier, werden von uns als Ostereier bezeichnet. Doch das sind nicht die einzigen Eier, die unter diesen Begriff fallen. Ostereier können ebenso aus Wachs, Gips, Holz oder Plastik sein. Auch Pappmasche wird gerne zum Basteln von Ostereiern verwendet. Fondant-Eier, Schokoladeneier in bunten Alu-Papierchen, gefüllt, aus Vollmilch-, oder Zartbitterschokolade. All diese Variationen und noch mehr erkennen wir unter dieser Beschreibung. Sie hängen an Sträuchern, liegen in Nestern und sind als Klebebilder an Fensterscheiben zu finden.
Doch der Hintergrund, warum es ausgerechnet Eier sind, liegt natürlich nicht an der Geschichte mit dem Osterhasen, der sie bringt.

Doch was genau ist eigentlich **"DAS OSTEREI"**?
Das erste Osterei hatte nicht die Bedeutung, wie wir sie heute kennen. Gründonnerstag ist ein traditioneller Tag, an dem die Eier gekocht und gefärbt werden. Das war auch im Mittelalter schon so. Damals war es allerdings der Tag, an dem der Bodenzins an die Grundherren der Bauern

45

abgeführt werden musste. Oftmals bestand der Zins aus Eiern. Um diese haltbarer zu machen, wurden sie zum Teil gekocht.

Das Ei, Symbol des Lebens, der Fruchtbarkeit und nach christlichem Glauben auch Symbol der Auferstehung. Die Eiersegnung (benedictio ovorum) wurde von der katholischen Kirche bereits Anfang des 12ten Jahrhunderts eingeführt.

Das Färben ist eine Tradition, die in Deutschland ab dem 13ten Jahrhundert erwähnt wird. Ein Jahrhundert später ist der Begriff des Ostereies zu finden, dessen Bedeutung allerdings mit dem Zins-Ei zusammenhängt.

Unser klassisches Osterei war in seiner Grundform rot. Als Farbe des Blutes wurde damit ein Zeichen des Lebens gesetzt. Generell ist das Ei ein Sinnbild für das Leben selbst und in vielen Kulturen als solches zu finden. Erst im 12ten Jahrhundert wurden die Eier mit allen möglichen Farben verziert.

Fabergé stellte im Auftrag des Zaren Alexander III von Russland die wohl berühmtesten Ostereier her. Fünfzig kaiserliche, mit Juwelen verzierte Eier wurden zwischen 1881 und 1894 von der Hand des Goldschmiedes angeblich gefertigt. Dreiundvierzig dieser Kunstwerke überlebten die Unruhen der darauffolgenden Zeit. Das teuerste Fabergé – Ei wurde mit einer Summe von 2,5 Millionen betitelt.

Von Osterhexen und Schokohasen

Was hat die Hexe mit Ostern zu tun?

Nichts, wenn man nicht Schweden wohnt. Wer die Traditionen hintergründig betrachten möchte, kommt nicht umhin auch über den sprichwörtlichen Tellerrand hinaus zu sehen.

Osterhexen haben ihre Wurzeln in der schwedischen Tradition. Hier sind die Osterhexen Ersatz für unsere Osterhasen und bringen die Eier am Ostermorgen mit. Dort laufen an Ostern die Kinder mit Rot bemalten Wangen und schwarzen Tupfen von Haus zu Haus. Sie verteilen Osterkarten und bekommen im Austausch dafür Geld und Süßigkeiten. Der mystische Hintergrund liegt im Volksglauben, dass die Hexen an den Tagen vor Ostern ihr Unwesen treiben. Auf Besen fliegen sie nach Blåkulla (mystischer Ort) um ihren Hexensabbat abzuhalten.

In Westschweden werden am Abend des Ostertags Feuer entzündet und in weiten Teilen Schwedens kann man Schüsse hören und Feuerwerke am Himmel sehen.

47

Um die Dämonen und Teufel nicht zu wecken, läuteten die Kirchenglocken in der Woche vor Ostern nicht mit voller Kraft. Die Metallklöppel wurden mit Stoffen umwickelt, oder durch Hölzerne Gegenstücke ausgetauscht.

Wer denkt, es gäbe nur Osterhasen und Osterhexen, der wird eines Besseren belehrt. Denn in Ostheim an der Röhn bringt der Storch die bunten Eier.

Unser heutiger Osterhase hat frühere Boten weitgehend verdrängt. So waren Kuckuck, Fuchs, oder Hahn schon Lieferanten der bunten Eier zum Fest.

Die erste Erwähnung des Osterhasen findet man in einer Abhandlung aus dem Jahr 1682 (De ovis paschalibus), die besagt, dass der Osterhase die Eier in den Gärten hinter Büschen und im hohen Gras versteckt.

Nicht mehr wegzudenken sind die Schoko-Hasen, welche in unterschiedlichsten Formen in den Nestern sitzen und auf die Eier aufpassen, bis sie gefunden werden.

Der Vermutung von Experten glaubend, nimmt man die ersten Schokoladenhasen im 19ten Jahrhundert an. Der damalige Schokohase war nicht zum Verkauf gedacht, sondern verschönerte Schaufenster. Erst zu Beginn des 20ten Jahrhunderts wurden die ersten Schoko-Osterhasen, wie wir sie kennen, produziert.

Eine kuriose Geschichte ist, wie der Hase überhaupt zu Ostern kam. Der Hase, als Fruchtbarkeitssymbol in vielen Kulturen, ließ sich auch nicht durch ein Verbot aus dem Jahr 751 n. Christi aus den Köpfen der Menschen verdrängen. Papst Zacharias untersagte den Verzehr von Hasenfleisch, um dadurch entstehende unnatürliche Triebe einzudämmen, die dem Tier aufgrund seines Aufkommens nachgesagt wurden.

Jedes Jahr um die Osterzeit sahen die Menschen die Hasen auf den Feldern in Gruppen „tanzen". Dabei hinterließen sie bunte Eier.

Durch den Balzkampf der Rammler wurden bodenbrütende Wildvögel verscheucht. Deren Eier sind bekanntlich nicht weiß, sondern farbig, gesprenkelt und durch andere Zeichnungen an ihre Umgebung angepasst. Die Menschen selbst beobachteten jedoch nur die auf den Hinterbeinen stehenden, den Gegner vertreibenden Hasen und die Hinterlassenschaft der brütenden Vögel. Dem Hasen ist das Osterfest egal. Der Anlass für dieses ungewöhnliche Verhalten, was aus der Weite als Tanz erscheinen mag, ist der Frühling und das Ringen um die Häsinnen.

Der Mythos vom Osterhasen schlug somit seine Wurzeln in einem Naturphänomen, welches im Grunde einfach erklärt werden kann.

Ein Ostermärchen

Es war einmal ein kleines Dorf, gleich hinter den grünen Hügeln. Da schmiegten sich viele Löcher in die Erdaufwürfe im Tal. Darin lebten die Hasen, weitab von den Behausungen der Menschen glücklich in ihrem Zuhause und feierten ihre Feste. Tag für Tag machten sie geschäftig ihre Hasenbesorgungen und lebten ein glückliches Leben.

Jeder Hase kannte jeden, der sich in diesem Tal einen Bau gegraben hatte und so war die Gemeinschaft wie eine große, harmonische Familie untereinander gut Freund. Selten verirrten sich andere Hasen in die Gegend, denn auch diese lebten in ihren Tälern und blieben unter sich. Wenn dies doch einmal geschah, so waren es Wanderhasen, die nicht lange blieben und Neuigkeiten aus der Welt in das Hasendorf trugen. Dann saßen die Hasen neugierig lauschend um den Fremdling herum und sogen jedes seiner Worte gierig auf. Es war eine Seltenheit und brachte die ganze Gemeinschaft in freudige Aufregung.

So ergab es sich, dass die Hasenkinder, die auf der Wiese im Sonnenschein spielten, eines Tages einen Fremden entdeckten, der des Weges kam. Er war schon ganz grau, hatte Schlappohren, einen weiten Wandermantel und stützte sich auf einen Haselstock.

Aufgeregt liefen sie ihm voran und trugen die Neuigkeit seiner Ankunft in das Dorf. Als der Alte um den letzten Hügel bog, an dem der Weg ins Hasendorf vorbeiführte, wartete die gesamte Sippe bereits auf dem Dorfplatz auf ihn.

Herzlich hießen sie ihn willkommen und boten ihm Wasser und Gräschen, Rübchen und Löwenzahn an. Er setzte sich in ihre Mitte und ließ sich die Bewirtung gut gefallen. Als er getrunken und an einer Rübe genagt hatte, baten sie ihn von der Welt zu erzählen. Der Alte Hase war ein guter Erzähler und zog alle in seinen Bann.

Er berichtete von schwarzen Flüssen, die sich durch das Land zogen, die aber hart wie Stein waren und auf denen man hoppeln konnte. Laute, stinkende Tiere rasten auf ihnen dahin und wenn man die Flüsse überqueren wollte, musste man gut aufpassen, nicht von einem solchen Tier überrannt zu werden.

Er redete auch von den Menschen, die riesige Bauten über der Erde errichteten, und diese mit bunten Farben anmalten. Unglaubliche Dinge erzählte er seinen Zuhörern, die gespannt die Ohren spitzten und deren Äugelein unablässig an seinem Schnütchen hingen.

Immer mehr wollten sie von den Wesen erfahren, die er Menschen nannte und so erzählte der Alte von ihren Festen und Weihnachten, Pfingsten und auch Ostern.

Die Vorstellung, überall Bunte Eier zu finden, die in Nestern hinter Büschen und Bäumen, im hohen Gras und in verborgenen Ecken versteckt waren, gefiel den Hasen sehr. Die Wohnungen der Menschen seien bunt geschmückt und jeder sähe zu, dass es vor seiner Tür sauber sei. Auch erzählte er von der Verehrung der Hasen in dieser Zeit, was den Lauschenden sehr imponierte. Sie waren gerührt von der Geschichte, dass überall Abbildungen von ihnen zu sehen seien.

Spät abends merkten sie, dass der alte Hase müde wurde und boten ihm ein Nest an, um dort zu schlafen und wieder neue Kraft zu tanken. Jeder Dorfhase wünschte dem Erzähler eine gute Nacht und es war noch lange nicht still in den Bauten in der Erde, wo sie über das Gehörte redeten.

Als sie am nächsten Morgen den Alten wecken wollten, merkten sie, dass dieser sich zum letzten Schlaf gelegt hatte. Sie waren traurig darüber, dass er nie wieder seine Geschichten erzählen würde und beschlossen, ihn wie einen Freund zu begraben.

Auf einem großen Rindenstück trugen sie ihn auf den Hasenfriedhof, um ihm eine letzte Ruhestätte zu geben. Dabei kullerte dem Alten ein buntes Ei aus der Wandertasche, welches im weichen Gras nicht zerbrach. Staunend standen sie darum und bewunderten die schönen Farben und Muster auf der Schale.

Sie hoben es vorsichtig auf und nahmen es mit. Als sie den Alten begraben hatten, fiel ihnen auf, dass sie gar nicht wussten, wie er hieß.

Da er aber in so schillernden Farben von Ostern gesprochen hatte, beschlossen sie, ihn Osterhase zu nennen.

Seit diesem Tage feiern die Hasen in ihrem Dorf Ostern und einer der alten Hasen verkleidet sich als Osterhase, geht über den Weg durch die Hügel ins das Dorf und bringt ein bunt bemaltes Ei. Er wird bewirtet, so wie der Wanderer vor ihm und erzählt die Geschichte des Osterhasen, der in ihr Dorf kam und von Ostern bei den Menschen, welche die Hasen so verehren, dass sie einen eigenen Feiertag dafür haben.

Wenn

der Pfingstl

kommt

Pfingsten heute

Das Pfingstfest hat keinen bestimmten Tag, auf den es jedes Jahr fallen würde. Nur der Zeitraum, in dem es stattfindet, ist absteckbar. Das kommt daher, weil der Zeitpunkt vom Osterdatum abhängig ist. Der Pfingstsonntag wird fünfzig Tage nach Ostern gesetzt, wobei der Ostersonntag als erster Tag mitgezählt wird. Somit fällt das Pfingstfest immer zwischen den 10. Mai (frühster Termin) und den 13. Juni (spätester Termin).

Im Gegensatz zu Festen wie Ostern und Weihnachten, haben sich in Zusammenhang mit Pfingsten nur wenige Bräuche entwickelt. In der Geschichte betrachtet, ist das Pfingstfest, dem Ursprung nach, ein Erntedankfest.
Viele ehemals heidnische Feste wurden im Zuge der Christianisierung von christlichen Feiertagen abgelöst. Zeitlich verlegt, angepasst und eingegliedert, existieren die weltlichen Bräuche dennoch weiter.

Militärische Veranstaltungen wurden in den kirchlichen Jahreskreis integriert, indem man die Turniere auf die Fastnachtszeit verlegte,

Heerschauen in Reiterprozessionen umwandelte, oder Umritte aus ihnen machte.

Dies ist ein Grund, warum vielerorts so genannte Pfingst- und Osterritte stattfinden.

Als "Pfingstl", "Pfingsquack", oder "Latzmann" ist die Gestalt bekannt, die mit grünem Nadelwerk verkleidet von Haus zu Haus geht und um Gaben heischt (bittet).

Der Hintergrund solcher "Heischegänge" liegt in einem Ausspruch Jesu in der Bibel begründet.

"Wer Bittet, dem wird gegeben;
wer sucht, der findet;
wer anklopft, dem wird aufgetan"

Der Pfingstl stellt bei diesem Brauchtum den sündigen und ungläubigen Heiden dar, der um den Heiligen Geist bittet. Erst nach seinem Gang legt er die Vermummung aus Tannenzweigen und anderem Baumgrün wieder ab.

Dann darf er – nun sündenfrei - in die Gemeinschaft zurückkehren.

Die Apostelgeschichte erzählt uns, dass an Pfingsten der Heilige Geist durch Feuerzungen über die Jünger Jesu kam.
Pfingstfeuer gelten als Symbol für den Heiligen Geist und als Zeichen der Erleuchtung.

Der Pfingstl

ist am Pfingstmontag in Bischofsmais unterwegs. Mit Bedauern stellt man fest, dass dieser Brauch vielerorts seit Jahren nicht mehr gelebt wird. An den in Grün gehüllten Pfingstl erinnern sich nicht mehr viele Bewohner des Landkreises Regen. Von mit Schellen (Kuhglocken) geschmückten Jungen, einem Weiser und einem Geier wurde er von Haus zu Haus geführt und bat um Eier und einen Brocken Schmalz. Zu dem Geläut tanzte der Pfingstl vor den Häusern seiner Bittschaft.

In der heutigen Zeit ist dieser Brauch nur noch selten und in abgewandelter Form in der Gegend vorzufinden. Die Schellen sind weggefallen und anstelle der Eier und des Schmalzes, wird um Geldspenden gebeten.

Mit dem Pfingstlspruch bittet der ausgedörrte und sperrige Pfingstl um ein Ei und für ihn selbst um zwei, einen Schmalzbrocken in der Größe eines Pferdekopfes und bietet als Bezahlung Trommeln, Pfeifen, Tanz und Gesang an.

Der Emmausgang in Waldkirchen findet für die Frauen gesondert am Pfingstmontag statt. Der Brauch erinnert an die Jünger von Emmaus und findet traditionell am Ostermontagsmorgen statt. Auch aus den umliegenden Dörfern wurden viele Menschen zu begeisterten Emmausjüngern. Bei der Lourdes-Kapelle verweilen sie bei ihrem Bittgang für ein Gebet. Der zweite Stop liegt an der Zwieselholzkapelle. Von dort aus ziehen sie weiter zur Karolikapelle. Auf dem Weg dorthin bricht jeder Teilnehmer einen Zweig von den umstehenden Tannen und steckt in sich an den Hut, oder ins Revier. Es gilt als Zeichen, am Emmausgang teilgenommen zu haben. Dann zieht die (zwischen zwei- und dreihundert Mann) Gruppe, betend in den Bayerwald-Dom ein. Ein Wirtshausbesuch im Anschluss macht den Ostermontag für die Emmausgänger komplett.

Das Gallnerbergfest beginnt mit einem Berggottesdienst beim Gallnerkirchlein. Im Anschluss sorgen Musikanten für die nötige Feststimmung. Das leibliche Wohl wird mit Gegrilltem, Getränken, Kaffee und Kuchen umsorgt. Viele Wanderer nehmen dieses Fest wahr, da die Strecke mit schönen Wanderwegen, teils durch den Hochwald führt. Eine Sehenswürdigkeit für Naturfreunde findet sich in der Nähe des Gipfels in Form eines Baumriesen. Der herrliche Ausblick, der bei schönem Wetter bis zu den Alpen reichen kann, entschädigt für die Strapazen, welche der Aufstieg zum Gipfelkreuz des Gallners (709 m) abverlangt.
Auch mit dem Auto ist der Hausberg von Konzell gut zu erreichen.

Das "Wasservogelsingen", oder "Pfingstvogelsingen"

Es ist wahrscheinlich einer der ältesten Kulturbräuche, welche bis zum heutigen Tag noch üblich sind.

Wasserfest eingekleidet, zieht die Gruppe der Sänger von Haus zu Haus und gibt dabei Lob, Neckereien und Bettelgesänge in Reimen zum Besten. Die Sänger werden dabei von Fenstern und Balkonen aus mit Wasser begossen. Die Spenden werden nach dem Singen unter den Beteiligten aufgeteilt, oder für Essen und Trinken verwendet.

Die drei großen Pfingstbräuche

Das Englmari-Suchen

In St. Englemar findet jedes Jahr am Pfingstmontag, das in Bayern einmalige "Englmari-Suchen" statt. Dabei handelt es sich um ein historisches Schauspiel zum Gedenken an den "seligen Engelmar", der als Einsiedler hoch über dem Dorf lebte. 1100 nach Christi wurde er von seinem Gefährten erschlagen.

An Pfingsten entdeckte ein Priester die Leiche und ließ Engelmar bestatten. Erst später würde über seinem Grab eine Kirche erbaut.

Das "Englmari-Suchen" beginnt früh morgens mit Schüssen einer Böllerkanone. Es ist ein farbenprächtiger Umzug in historischer Kleidung, bei dem die Vereine und Reiter den Kapellenberg ansteuern. Dort angekommen, findet eine Bergmesse mit Primizsegen nebst dem eigentlichen "Englmari-Suchen" statt. Eine überlebensgroße Holzfigur stellt bei diesem Schauspiel den "seligen Engelmar" dar. Unter Reisig liegt sie im Wald verborgen, wo sie der Jäger dann schließlich findet. Eine Feldmesse folgt. Auf einen Ochsenkarren gelagert, wird die Figur in einer Bittprozession anschließend in die Pfarrkirche gebracht. Auf dem Kirchplatz schließt ein feierlicher Lob-, Dank- und Bittgesang das

"Englmari-Suchen" ab. Anschließend ziehen die Menschen von den Musikanten begleitet in das Festzelt ein.

Die Pfingstkerzenwallfahrt von Bogen

Das ist einer der drei großen Pfingstbräuche Niederbayerns und der Oberpfalz. Die Darstellung der Pfingsttage spiegelt sich in diesen Festen:

"Englmari-Suchen"

"Kötztinger Pfingstritt" und

"Pfingstkerzenwallfahrt"

Letztere beginnt bereits am Pfingstsamstag im Ortsteil Holzkirchen und führt über 75 km zum Heiligtum auf den Bogenberg. Die Fußwallfahrt endet dort am Pfingstsonntag. Dreizehn Meter ist sie in etwa lang, die Pfingstkerze. Ihr Kern ist ein Fichtenstamm, welcher mit Wachs verkleidet ist und wird auch als "Lange Stang" bezeichnet. Etappenweise wird diese sogar stehend getragen.

Bogenberg gilt als ältester Marienwallfahrtsort in Bayern. Datiert wird die Wallfahrt auf das Jahr 1104 nach Christus.

Entstanden ist sie vermutlich aufgrund einer Borkenkäferplage, welche die damaligen Holzkirchen bedrohte.

Der Pfingstritt zu Kötzting

Um zu verstehen, warum über neunhundert Reiter mit ihren Rössern jedes Jahr durch das Zellertal bis nach Steinbühl pilgern, muss man die Geschichte des Pfingstritts zu Kötztings kennen.

Dazu müssen wir uns in das Jahr 1412 versetzten. Damals gab es noch keine geteerten Straßen und die Wege waren uneben und führten oftmals durch dichten Wald. Bären soll es in dieser Zeit in der kötztinger Gegend gegeben haben, die auch nicht davor abschreckten Menschen anzufallen. Wegelagerer und Räuber zogen durch die bayrischen Wälder und überfielen Reisende, die ihren Weg kreuzten. In so einer Zeit begab es sich, dass ein frommer Mann aus Steinbühl im Sterben lag. Der Geistliche, der ihm zur letzten Ölung eilen wollte, scheute den Weg alleine durch den gefährlichen Wald und bat die kötztinger Burschen, ihm Geleit zu geben. Diese sagten zu und gelobten, sollten sie unbeschadet zurückkehren, diesen Ritt in jedem Jahr aus Dankbarkeit darüber zu wiederholen.

Seither findet jedes Jahr der Pfingstritt in Bad Kötzting statt. Die Reiterprozession startet auf dem Marktplatz und pilgert durch das Zellertal bis nach Steinbühl. Alle Burschen aus der Stadt und aus der Pfarrei Bad Kötzting, ebenso wie aus den ehemaligen Kreisgebieten sind für den Pfingstritt zugelassen.

Das höchste Gut an diesem Tag ist das so genannte Pfingstkranzl, oder Tugendkränzchen. Der geistliche Offiziator trägt dieses Schmuckstück während der Reiterprozession am Brustkreuz. Am Ende bekommt es der Pfingstbräutigam. Dieses Kränzchen ist auch heute noch der größte Stolz, eines Kötztinger Bürgerhauses.

Die ältesten Zeugnisse über den Pfingstritt stammen übrigens von 1670.

Was die Hex' mit Pfingsten hat

Wie zu allen großen Festen der Kirche, die an Pfingsten das Überkommen der Apostel mit dem Heiligen Geist feiert, gibt es auch für die Hexen an diesem Tag einen Grund zu zaubern. Es mag den Anschein haben, dass sie um Pfingsten herum besonders in Österreich tätig sind.

Sie treiben ihr Unwesen, versammeln sich auf Kreuzungen und brauen ihre Tränke.

Am Pfingstsonntag, so eine alte Erzählung, melken die Hexen die Kühe auf der Weide und verwandeln sich dabei in Säugetiere.

Im Steirischen ist es auch heute noch vielerorts Sitte, am Pfingstsonntag vor Sonnenaufgang mit einer frischen Birkenrute über den Rücken der Tiere zu streichen. Dieses soll das Vieh das ganze Jahr über vor Verhexung beschützen.

Gelänge es einer Hexe, die Tiere doch zu melken, so gäbe die Kuh das ganze Jahr über Blut, anstatt Milch.

Ein weiterer Schutz ist es, Bohnen über das Hausdach zu werfen. Eine ähnliche Form dieses Brauches ist aus der Osterzeit bekannt. Der Volksglaube besagt, dass dies ein Überschreiten des Hofes, einer Hexe, oder auch dem Teufel selbst, unmöglich mache.

Eine Geschichte, deren Ursprung ich nicht feststellen konnte, berichtet von einem Pfaffen, der als besonders pflichtbewusst gegolten hat. Ständig war er damit beschäftigt, seine lieben Schäfchen auf ihre Untaten und Sünden hinzuweisen, sogar darüber Buch geführt haben soll. Seine Besuche waren gefürchtet, weil sie immer unangenehm waren. Einer der Bauern, der sich nicht besonders um die Predigten des Kirchlichen scherte, die heidnische Bräuche verteufelten und die Durchführenden der Ketzerei bezeichneten, warf am Pfingsttag eine Hand voll Bohnen über den First seines Hofes. Die Erzählung besagt, dass der Pfaffe bei seinem nächsten Besuch an der Grundstücksgrenze alle Farbe aus dem Gesicht verloren und schnell das Weite gesucht hätte. Auch sei er von diesem Tage an bei dem Bauern nicht mehr vorstellig geworden.

Es gibt sicherlich mehrere solcher Geschichten, deren Wahrheitsgehalt einfach nicht festzustellen ist, da sie in abgewandelter Form immer wieder erzählt wurden. Vieles ist durch die Zeit verlorengegangen und unwiederbringlich mit der letzten Silbe verhallt.

Mariä

Himmelfahrt

Leuchtende Steine
und Hexensagen

Der erste August war bei den Kelten der Tag, an dem ein großes Lichtfest gefeiert wurde. Lugnasad lässt sich mit den Worten "Hochzeit des Lichts" übersetzen. Zwischen Sommersonnwende und Herbst Tag- und Nachgleiche liegend, ist es das Fest der ersten Ernte. Den Ursprung findet man in der Verehrung der Erdgöttin, der Großen Mutter, welche als Patronin des Ackerbaus angesehen wird. Im keltischen Kalender findet man auch heute noch mehrere Erntefeste. Dies liegt in der damaligen Situation begründet, in der ein Ernteausfall durch Dürre, Schädlingsbefall, oder schwere Unwetter, Hunger und zuweilen auch den Tod bedeutete. Die Erntemonate August und September sind von diesen Feiern durchzogen. Viele Abläufe von Festen gingen durch die Zeit verloren. Das Wissen darum beschränkt sich auf Sagen um Energie-Steine, die an so genannten Mariä-Schnee-Plätzen liegen und aus der zeitlichen Nähe der Marienfeste zu den ursprünglichen heidnischen Festen. Aus Mariä-Schnee (5. August) und Mariä Himmelfahrt (15. August), können wir logische Schlüsse zum Zusammenhang herstellen.

In den Überlieferungen ist von Licht-Erscheinungen die Rede, die sich als eine Art Blitz/Lichtsäule, oder in ähnlichen Erscheinungen zwischen Himmel und Erde zeigten.

Der Gott Lug, dessen Name Licht bedeutet und auch als *der Helle* benannt wird, hatte in der Zeit der Kelten einen sehr hohen Stellenwert. Auf Abbildungen wird er mit einem Speer dargestellt, der als Blitz, oder auch als Lichtstrahl interpretiert werden kann.

In Hexensagen, findet man Hinweise und Berichte von Steinen, welche hell leuchten. Die Benennung Feuer wird das Erscheinungsbild nicht treffen, welches sich den Augen der Bevölkerung darbot, denn es war kaltes Licht, das niemanden verbrannte. Eine unheimliche Sache, die den Hexen zugeschrieben wurde und die Plätze, an denen solche Steine zu finden waren, wurden als Hexentanzplätze verschrien.

Zu festgesetzten Zeiten sollten die Hexen auf diesen Plätzen um die Steine herum getanzt haben. Dieser so genannte Hexen(tanz)boden befindet sich meist auf Bergspitzen und speziellen Lichtungen. Hierbei muss nicht zwingend ein leuchtender Stein stehen. Im Grunde handelt es sich dabei um besondere Plätze, die eine bestimmte energetische Ladung aufweisen.

Auch statische (Ent-)Ladungen, die in der Natur vorkommen und durch Reibungselektrizität, oder Blitzschlag sichtbar und spürbar werden, fallen unter den Begriff der energetischen Ladung.

Heilsteinen sagt man bestimmte Kräfte durch Energie-Abgabe nach. Statische Entladungen sind keine Seltenheit. Ich persönlich kenne niemanden, der nicht schon einmal einen Schlag abbekommen hat, wenn er an die Autotür, oder eine Klinke gefasst hat.

Solche besonderen Energie-Plätze, an denen keine Neuzeitlichen Gefährte vorkommen, werden immer wieder in alten Mythen und Legenden erwähnt. Ein sehr bekannter energetischer Platz ist uns allen wohl bekannt. Die Rede ist von dem Wallfahrtsort Lourdes. Dort soll die heilige Bernadette Maria auf einem Felsen mit dem Namen MASSABIELLE (strahlender Stein) erblickt haben.

Je nach Kulturkreis und Religion werden an solchen Orten verschiedene Gestalten erblickt. Nicht nur die Mutter Gottes, auch Gottheiten und Engel sollen schon gesichtet worden sein.

Einer der berühmtesten Energieplätze steht in Irland. Stonehenge ragt mit seinem Steinkreis in den Himmel und ich möchte wetten, auch dort hat es schon einmal geblitzt.

Glaubt man den Sagen, welche sich im Besonderen um die Lichtsteine ranken, sollen sie der Sitz Gottes sein. Götter erschienen, so die Legenden, auf der Erde, indem sie sich aus Steinen heraus bewegten.

Die Geschichte von Jack O'Lantern

Halloween zu feiern stammt aus Irland. Der Halloweenkürbis, als Symbol für diese Zeit, wird von einer Geschichte begleitet.

Jack O. war Hufschmied, ein Betrüger und Trunkenbold, der nur Schlechtes in seinem Leben vollbracht hatte, sollte verdienter Weise vom Teufel geholt werden. Doch Jack lockte ihn durch eine List auf einen Baum. Er bat den Teufel, ihm noch einen letzten Apfel vom Baum zu holen. Der Teufel gewährte ihm diesen letzten Wunsch und stieg auf den Baum. Geschwind schnitzte Jack ein Kreuz in die Rinde, was den Teufel zwischen den Ästen gefangen hielt.

Der Teufel musste Jack versprechen, ihn nie wieder zu behelligen, wenn dieser ihn wieder von dem Baum herunter ließe.

Diesen Handel ging der schlechte Mensch gerne mit dem Höllenfürsten ein, denn er brachte ihm Verschonung vor der Hölle, in die er sonst zweifelsohne gekommen wäre.

Als Jack starb, durfte er die Himmelspforte nicht überschreiten. Seine vielen schlechten Taten machten es ihm unmöglich dort Einlass zu bekommen. Auch in die Hölle konnte er nicht, um seine Sünden abzubüßen, denn der Teufel trug ihm die Sache mit dem Baum noch sehr nach. Jedoch verstand er Jacks Lage, gab ihm ein Stück glühende Kohle in einer Rübe, die er als Laterne verwenden konnte. So wanderte Jack durch die Finsternis, die in der Welt Zwischen Himmel und Hölle herrscht.

Erst in Amerika wurde aus der Rübe ein Kürbis, der sich aufgrund der Größe besser eignet. Halloweenkürbisse werden deshalb auch oft Jack O'Lantern genannt.

Halloween

74

Die Nacht der Geister

Halloween, die Nacht der Geister und maskierten Kinder, die von Haus zu Haus ziehen und um kleine Geschenke und Süßigkeiten bitten. Ein Brauch, der erst in den letzten Jahren richtig bei uns Fuß gefasst hat und aus Amerika kommt. Der Abend vor Allerheiligen ist damit gemeint und der Name kommt von
All Hallows Eve.

Aber halt! Ganz so amerikanisch ist Halloween nun doch nicht. Seinen Ursprung findet man im katholischen Irland. Irische Einwanderer brachten Halloween nach Amerika. Dort wurde das Brauchtum in der Nacht vor Allerheiligen gepflegt und ausgebaut. Der Bezug zur Keltenzeit und heidnischen Traditionen kann angenommen werden.
In Deutschland wurde der Brauch vor allem in Gebieten, in denen Kürbisanbau betrieben wird (z. B.: Steiermark und Spreewald), schnell aufgenommen und mit heimischem Brauchtum, wie dem Rübengeistern in Verbindung gebracht.

Das Rübengeistern ist ein Herbstbrauch, der in verschiedenen Regionen Deutschlands praktiziert wird. Mit ausgehölten (Futter-) Rüben, in die Fratzen geschnitzt werden, ziehen die Kinder durch den Ort. Eine Kerze beleuchtet die Rübengesichter und bei diesem Umzug erhalten die Träger der Rübengeister kleine Gaben. Die Ausgehöhlten Feldfrüchte finden anschließend Platz vor Türen und auf Fensterbänken.

Die Parallelen zu Halloween sind nicht zu übersehen. Es scheint der einzige Unterschied zu sein, dass die Kinder in Deutschland nicht verkleidet sind und an der Stelle des Kürbisses die Rübe kommt.

Der Hintergrund von Halloween besteht, wie bei vielen Bräuchen, in der Abwehr von bösen Geistern.

Eine Erzählung berichtet, dass in dieser Nacht im Jahr alle Geister und Dämonen ihr Unwesen treiben und Orte suchen, an denen sie sich niederlassen können. Der Sinn der Verkleidung liegt somit darin, diesen Wesen vorzugaukeln, der Ort wäre bereits befallen mit Geistern und Dämonen. Heulend und jauchzend zögen sie weiter, um sich einen anderen Ort zu suchen, den sie besetzen könnten.

Sicherlich gibt es noch andere Versionen zu diesem Fest und eine Unzahl an Legenden, was in dieser Nacht alles passieren kann.

Zum Brauchtum in Bayern gehört, dass am Tag vor Allerheiligen die Gräber gerichtet werden und meine Großmutter stellte in diesen Nächten (30.10. – 02.11.) ein kleines Grablicht ins Fenster, als Wegweiser für die verstorbenen Familienmitglieder, auf dass sie nach Hause finden und sich nicht in fremde Häuser verirren.

Allerheiligen und Allerseelen

Und wieder sind es die Kelten, auf welche ein kirchlicher Feiertag zurückzuführen ist. Hierzu möchte ich das *Handwörterbuch des deutschen Aberglaubens* (1927-1942 erschienen) zitieren, welches über Allerheiligen und Allerseelen folgendes festhält:

Zu Allerheiligen:

„Die Kelten,
welche das Jahr vom November an rechneten,
feierten zu Beginn dieses Monats ein großes Totenfest,
für das die Kirche die Feste Allerheiligen und Allerseelen setzte"

„Auf keltischem Gebiete
war das Anzünden großer Feuer üblich."

Zu Allerseelen:

„Man kann am A.tage erfahren,
was für ein Winter werden
und wie sich die Zukunft
– namentlich in Liebesangelegenheiten –
gestalten wird."

„Die an A. (wie die am Christtag und in den Zwölften)
Geborenen
können Geister sehen."

Ich kenne Allerheiligen als Tag, an dem man der Toten gedenkt. Ein schöner Brauch ist es, sich die schönen Zeiten noch einmal ins Gedächtnis zu rufen, die man mit Verstorbenen erlebt hat.

An diesem Tag wird uns mehr, als an jedem anderen bewusst, dass ALLES auf der Welt vergänglich ist.

Die Menschen versammeln sich an den Gräbern ihrer Familienmitglieder, um dieses Gedenken zu zelebrieren.

Allerheiligen ist kein Tag, an dem man Feste feiert und doch ist es einer der höchsten Feiertage der Kirche und auch der Vergangenheit.

Ein Hexenfest, keine Frage, denn wie wir schon erkannt haben, stammt auch dieses aus heidnischem Brauchtum.

Buß- und Bettag

Auch ein Hexenfest?

Im Grunde ein evangelischer Feiertag, wird er auch als **beweglicher Feiertag** bezeichnet. Im Mittelalter gab es zwei verschiedene Arten von Buß- und Bettagen. Die einen wurden nach Bedarf, die anderen aufgrund des Ablaufes des Kirchenjahres abgehalten.

Die Begründung des Buß- und Bettages liegt in Not- und Gefahrensituationen in der Zeit seiner Entstehung.

Der erste Bettag wurde auf kaiserliche Anordnung aufgrund der Situation, dem ersten Türkenkrieg in Österreich, 1532 eingeführt. Eine eindeutige Not- und Gefahrensituation, welche das ganze Volk bedrohte.

Generell war und ist der Buß- und Bettag ein Aufruf zur Umkehr zu Gott. Er ist dem Gebet gewidmet und der Buße, im Sinne der Reue über die eigenen Sünden und nicht zur Strafe.

Erst Ende des 19ten Jahrhunderts wurde er allgemein auf den Mittwoch vor dem Ewigkeitssonntag gesetzt und bekam somit elf Tage vor dem ersten Adventssonntag eine Regelmäßigkeit.

Generell kann man hier nicht von einem Hexenfest sprechen. Der November an sich wurde bereits von den Kelten als Trauermonat angesehen, in den auch der Buß- und Bettag fällt. Die keltische Kunde geht über Wotan, der gerade in diesem Monat mit seinem Gefolge (den Geistern der Toten, seine Raben und Heere) über den Himmel fährt und die Welt unter sich erstarren lässt. Frost, Eis und Schnee soll er bringen und diese Ritte durch die Luft sind uns als *Wilde Jagd* ein Begriff, der sich bis heute gehalten hat.

Die
(Un-) heiligen
Nächte der
Weihnachtszeit

Auf Wotans Spuren

Wotan, oder Odin wird er genannt, der Toten- und Kriegsgott. Auch als Gott der Ekstase wird er beschrieben. Als höchster Gott der germanischen Mythologie gilt Odin erst zu Beginn der Zeit der Wikinger.
Die "Wilde Jagd", ein durch den nächtlichen Himmel fahrendes Heer aus Geistern und Gespenstern, wird von ihm angeführt.
Dabei reitet er auf seinem achtbeinigen Schimmel Sleipnir, dem Totenpferd. Die Wölfe Geri und Freki, was mit Der Gierige und Der Gefräßige übersetzt wird, sind in seinem Gefolge. Die Raben Hugin (Gedanke) und Munin (Erinnerung) dürfen dabei nicht fehlen. Sie sind die Nachrichtenüberbringer Odins, die ihm alles Neue aus der Welt zuraunen. Odin wird auch Allvater genannt, da er als Vater aller Götter gilt.
Seine Gattin ist die Göttin Frigg, Hüterin der Ehe und Patronin der Ehefrauen. So man Odin und Wotan gleichsetzen kann, so kann man auch Frigg mit Freija identifizieren, denn Odin heißt im Deutschen Wotan.

Auch in den so genannten "Rauhnächten" spricht man von der "Wilden Jagd", die all jene überfällt, die sich in diesen Nächten im Freien aufhalten.

Ein Rauschen und Brausen kündigt das Heer an, welches mit einem unheiligen Wind auf die Unglücklichen niederfährt. Ein Sturm, der nicht einen Ast, oder auch nur ein Blatt in Bewegung versetzt, den Gejagten jedoch herumzuwirbeln vermag. Um ihr zu entgehen bleibt man am besten zu Hause und wenn nicht, so solle man sich flach mit dem Gesicht nach unten auf den Boden werfen. Auf keinen Fall aber dürfe man der Neugierde nachgeben, sich die Jagd anzusehen. Wer dies dennoch täte, würde dem Wahnsinn erliegen, oder anderen seelischen Schaden nehmen, der ihn bis an sein Lebensende verfolge und auch körperliche Zeichen erkennen ließe.

Der Thomastag

Die erste Rauhnacht
20/21 Dezember

Schlimm soll es zugehen, in der ersten der Rauhnächte. In den dunklen Stunden von 20ten auf 21ten Dezember treibt der Dammerl seine Scherze mit den Menschen. Einst war dieser Tag bei den Germanen ein Feiertag, an dem der Donnergott Thor (auch Donar) angebetet und verehrt wurde. Dieser galt als Beschützer der Menschheit und insbesondere der Frauen. Im Zuge der Christianisierung wurde der Namenstag des Heiligen Thomas daraus.

Ich selbst kann mich nicht an Unwesen dieser Art - die mit Ketten und blutigen Schweinehaxen den Kindern Angst einjagen - erinnern. Für mich ist der Begriff der Wintersonnwende greifbarer, als der "Bluadige Dammerl".

Eine Verlagerung, oder Vermischung der Bräuche möchte ich aufgrund der Erinnerung einer Münchnerin nicht ausschließen.

Vom Dammerl, oder der Thomasnacht konnte sie mir nichts berichten, jedoch erinnerte sie sich bei Erwähnung der Ketten, an ein Erlebnis in ihrer Jugend. Damals hatten die "Kramperl" (Krampus - Begleiter der Nikoläuse) lange Ketten dabei, mit denen sie oftmals so hart gegen die Türstöcke schlugen, dass die damals übliche weiße Lackfarbe absplitterte. Wo die Türen nicht verschlossen waren, drangen sie ein und warfen Kartoffeln und Kohlen in die Stuben, lärmten und griffen nach den Kindern, um sie in die Säcke zu stecken.

In der Thomasnacht soll das Haus rein gemacht werden. Mit Räucherwerk werden die bösen Geister aus den Räumen vertrieben, damit sie die "Heilige Zeit", welche folgt, nicht stören können.

Eine Losnacht (Zeit, in der man besonders gut Wahrsagen kann) sei sie, in der man den Namen seines zukünftigen Liebsten erfahren könne, indem man sich verkehrt herum ins Bett lege und den heiligen Thomas um seine Hilfe in diesem Fall bitten würde. Ein bisschen Glück gehört schon dazu, dadurch von seiner großen Liebe zu träumen. Auch beschriebene Zettel, die mit verschiedenen Namen versehen und gefaltet unter dem Kissen liegen müssen, auf dem man schläft, sollen eine zukünftige Partnerschaft verraten. Ebenso soll man unbeschriebene Blätter hinzufügen. Zieht man dann am nächsten Morgen sein Los, kann man das Ergebnis ablesen.

Leere Zettel sprechen hierbei für eine heimliche Liebe, oder einen noch nicht definierten Zukünftigen

Was früher heimlich und gerne von den jungen Mädchen sehr sorgfältig ausgeführt wurde, ist in den heutigen Tagen in Vergessenheit geraten. Dennoch ein schöner Zauber, den man gefahrlos nachmachen kann.

Nur sollte man das Ergebnis nicht allzu ernst nehmen.

Die Wintergöttin Berchta
Die zweite Rauhnacht
24/25 Dezember

Mit der Wintergöttin Berchta als Schutzpatronin, verteilen sich die Rauhnächte vom 25ten Dezember bis 6ten Januar. Die Thomasnacht ist nicht in allen Überlieferungen die erste Rauhnacht, zählt aber in manchen schon dazu, weshalb sie hier auch mit aufgezählt wird.
Berchta, auch Perchta, ist die Namensgeberin der Perchtenläufe. Nur wenige wissen, dass sie mit Frau Holle, Frigg und auch Freija identifiziert wird.

Aus dem Märchen der Gebrüder Grimm ist Frau Holle der Mehrzahl bekannt und wie wir wissen, kann sie es nicht leiden, wenn jemand faul ist. Solche Menschen werden von ihr bestraft, Fleiß und Redlichkeit hingegen, belohnt sie reich. Sie steht für Sauberkeit, welche auch in den Rauhnachtsüberlieferungen immer wieder auftaucht.

In den Rauhnächten selbst soll der Mensch sich auf sein Innerstes konzentrieren und zum Wesentlichen zurückkehren. Streitigkeiten sollen beendet und nicht in das *Neue Jahr* getragen werden.

Unsere Frau Holle liebt kleine Geschenke und so stellte man ihr zum Dank oftmals Kuchen und Gebäck hin. Dieses erinnert stark an Santa Claus, dem Plätzchen und Milch hingestellt werden und auch die Rentiere werden mit einer Karotte, oder Zuckerstücken nicht vergessen.

Alte Geschichten erzählen von sprechenden Tieren in der Nacht vom 24ten auf den 25ten Dezember. Wir feiern den Heilig Abend und gehen in die Christmette, die den Beginn der Christnacht einleitet. In dieser Nacht sollen Dinge passieren können, die so unglaublich sind, wie eben sprechende Tiere. Eine alte Erzählung besagt, wenn man sie belauscht, könne man von den Ereignissen im kommenden Jahr erfahren.

Der 25te Dezember hat noch eine andere Bedeutung. Ab diesem Zeitpunkt beginnt das neue Sonnenjahr. Die Zeiten, in denen die Tage nicht länger werden, sind vorbei.
Beinahe alle Aspekte unseres Weihnachtsfestes haben ihre Wurzen in römischen und keltischen Gebräuchen und Religionen. Die Rückkehr der Sonne wurde gefeiert und der Sonnengott Sol wurde verehrt.

Auch in der Literatur findet sich der Zusammenhang zwischen Weihnachten und dem Gott der Sonne.

"Deine Strahlen umfassen die Länder bis ans Ende von allem, was du geschaffen hast" kann man in Echnatons Sonnengesang lesen.

In Psalm 104 lässt sich die Ähnlichkeit nicht mehr verleugnen. "Licht ist dein Kleid, das du anhast; du breitest aus den Himmel, wie einen Teppich." Wo solche Verknüpfungen zu finden sind, ist durchschlagendes Brauchtum, welches von der Kirche nicht ausgerottet werden konnte, ebenfalls zu finden.

Folgt man dem Aberglauben, sollte man darauf verzichten, sich in dieser Zeit die Haare und Nägel zu schneiden. Zuwiderhandlungen zögen Erkrankungen und Schmerz in Kopf und Gliedmaßen nach sich.

Dass Glücksspiel ein Spiel des Teufels ist, ist hinlänglich bekannt. Besonders in der Zeit der Rauhnächte lockt man ihn und sein unheiliges Gefolge dadurch an. Die Teufelsbrut wieder aus dem Haus zu bekommen, wird zu einem schwierigen Unterfangen, an dem meist das ganze Jahr gescheitert wird. Geistliche können dabei helfen und durch eine Weihe des Hauses versuchen, den bösen Geist über die Schwelle zu vertreiben. Eine Garantie auf Erfolg wird dabei nicht gegeben.

Sobald es dämmert, spätestens aber zum Aveläuten, haben die Türen geschlossen zu sein.

Die Arbeiten sollen ruhen. Die Rauhnächte sind zur Besinnung und Einkehr gedacht.

Kaum jemanden sollte es nach diesen Anweisungen noch wundern, dass ausgerechnet die Hexen sich nicht daran halten...

Sie sind mit dem Brauen von Tränken, Essenzen, Salben und der Herstellung anderer Zaubermittel schwer beschäftigt.

Kraut und Wurzel besitzen in diesen Nächten ein Vielfaches mehr an Zauberkraft und machen die Werke stark und wirksam.

Der Tanz auf den Straßenkreuzungen wird in vielen Überlieferungen auch in den Rauhnächten erwähnt. Kreuzungen, die nicht vom Hexenvolk besetzt werden, kann man für einen Blick in die Zukunft nutzen.

Auf Wegen zu einem Wirtshaus sähe man die Hochzeiten des folgenden Jahres, in der Nähe zu einem Friedhof, könne man zukünftige Beerdigungen sehen.

Dabei sitzt man in einem Kreis aus Salz. Auch inmitten des Hexentanzes verspricht er Sicherheit, wenn er nur weit genug gezogen ist. Hexen, Teufel und Dämonen müssen Auskunft geben, sobald sie aus dem Kreis heraus gefragt werden.

Wer den Fehler begeht, sich daraus zu entfernen, oder wen die Höllenbrut daraus hervorzuziehen vermag, der sei des Teufels.

Der zweite Weihnachtsfeiertag
Die dritte Rauhnacht

Wir gehen davon aus, dass Weihnachten aus der Zeit des 24ten bis 26ten Dezembers besteht. Ganz richtig ist diese Annahme jedoch nicht, denn Weihnachten ist ein Fest-Oktav und umfasst im eigentlichen Sinne acht Tage. Nach christlicher Tradition beginnt das Fest bereits am Heilig Abend mit der sogenannten "Ersten Vesper".

Früher wurde diese von Mönchen, heute von den Priestern gegen frühen Abend gebetet.

Das eigentliche Weihnachtsfest ist auf den 25ten Dezember zu datieren. Wir feiern Jesu Geburt. Aus diesen Erläuterungen erklärt sich der Begriff Christmette. Mette bedeutete *Matutuin*, was ein Nachtgebet in Klöstern war. Es war das erste Morgengebet und fand gegen 2:30 Uhr in der Nacht statt.

Der 26te Dezember, der uns als zweiter Weihnachtsfeiertag ein Begriff ist, ist im sinngemäß ein Tag zum Gedenken an den ersten Märtyrer Stephanus.

In der katholischen, anglikanischen und lutherischen Kirche, wird dieser Gedenktag, auch Stephanustag, als Weihnachtstag begangen. In anderen Kirchen ist er einfach der zweite Tag des Hochfestes der Menschwerdung Gottes in der Gestalt Jesu Christi.

Wie in jeder Rauhnacht und auch an den Feiertagen, soll der Mensch in sich gehen. Von der Arbeit solle abgelassen werden und die Zeit genutzt werden, mit sich und der Welt ins Reine zu kommen.

Auch diese Nacht ist eine Losnacht, in der man einen Blick in die Zukunft wagen kann. Generell ist in der Weihnachtszeit immer wieder von sprechenden Tieren zu hören, die einem diesen Blick gewähren würden. Gleichzeitig wird davor gewarnt, sich streunende Katzen, oder Hunde ins Haus zu holen, da sich Hexen, Teufel und Dämonen in die Gestalt eines Tieres verwandeln könnten. Sie nutzen dies, um in die Häuser gelassen zu werden und setzen sich dann in den Räumlichkeiten fest. Die ungeladenen Gäste brächten Unglück über die Menschen, die dort wohnen, so sagt der Volksmund.

Der Rest des Oktavs
Die vierte bis neunte Rauhnacht

Dass Weihnachten im Grunde aus einem Fest Oktav besteht, welches acht Tage umfasst, haben wir bereits erfahren.

Beginnend mit der "Ersten Vesper", am 24ten Dezember, ziehen sich diese Feierlichkeiten über die Weihnachtsfeiertage (25. und 26.12.) bis hin zum 31ten Dezember. All diese Nächte sind Rauhnächte.

Alte Bauernweisheiten besagen, dass sich das Wetter für das folgende Jahr an diesen Tagen ablesen lässt. So heißt es zum Beispiel, je kälter die Nächte seien, umso wärmer würde der Sommer. Ein klarer Himmel in den Rauhnächten spricht für eine gute Ernte im kommenden Jahr.

Ist es Grün zur Weihnachtsfeier, fällt der Schnee auf Ostereier – ist ein Beispiel für den Zeitabschnitt des Frühlings.

Am Stephanstag wird eine Bauernregel für alle Winzer zur Vorhersage.

Windstill muss St. Stephan sein, soll der nächste Wein gedeih'n - Bringt St. Stephan aber Wind, die Winzer nicht erfreuet sind.

96

Bei diesen Deutungen wird auch miteinbezogen, dass jede Rauhnacht für einen bestimmten Monat steht. So gilt das Wetter des 25ten Dezembers für den Januar, das des 26ten für den Februar und so weiter.

Die neunte Rauhnacht fällt auf den 31ten Dezember. Sie ist die Nacht mit der stärksten Wahrheitswirkung. Bei Weissagungen in dieser Nacht geht es meist um Liebe, Ehe und Familie. Auch Glück und Geld werden gerne erfragt. Der wohl bekannteste Zauberbrauch, den man für einen Blick in die eigene Zukunft nutzen kann, ist das Bleigießen. Auch heute wird es gerne praktiziert. In fast jedem Geschäft findet man die nötigen Utensilien im praktischen Komplettpaket nebst Anleitung. Die letzte Nacht, die uns ins Neue Jahr führt, wird gefeiert. Der bewusste Wandel aus der Vergangenheit in unsere Zukunft ist auch ein guter Anlass für so ein Fest.

Es ist die Nacht, in der wir durch *Gute Vorsätze* unser Leben in andere Bahnen lenken. Unseren Lieben schenken wir vierblättrigen Klee, Schornsteinfeger, Glücksschweine und Hufeisen aus Marzipan und Schokolade. Nur wer Glück verschenkt, der kann auch welches zurückbekommen.

Der Neujahrsnacht wird auch nachgesagt, dass es eine gefährliche Nacht sei. Es ist die letzte Chance für Teufel und Dämonen in das Haus einzudringen, um das gesamte Jahr dort zu bleiben.

Der erste Januar
Die zehnte Rauhnacht

Der erste Nacht des Neuen Jahres stellt zugleich die zehnte Rauhnacht dar. Als Neujahr ist uns der Feiertag wohl bekannt.
Wieder finden wir eine Wetterprophezeiung in einer Bauernregel.

"Am Neujahrstage Sonnenschein, lässt das Jahr uns fruchtbar sein. Ist er jedoch kalt und weiß, wird der Sommer später heiß. "

Es mag sein, dass wir durch die Euphorie des Silvesterfestes die Rauhnachtsgestalten vergessen, jedoch steht uns die schlimmste aller Rauhnächte noch bevor, glaubt man den alten Überlieferungen.

Elf – Zwölf und Dreizehn

Die Nächte von 2ten bis 4ten Januar sind im eigentlichen Sinne die zehnte bis zwölfte Nacht.
Sie erinnern sich?
Ich hatte aufgrund der Betitelung der Thomasnacht als Rauhnacht diese auch als solche mitgezählt. Ebenso wird im nächsten Kapitel erläutert, warum man sich nicht an der Zählung von zwölf, oder dreizehn Nächten festhalten sollte.

Diese Nächte sind vor den eigentlichen Feiertagen und kennzeichnen sich dadurch, dass das Böse sein Unwesen treibt.
Die schlimmsten der Rauhnächte werden mit der Christnacht, der Neujahrsnacht und der Dreikönigsnacht benannt.
In der Christnacht erzürnen wir den Teufel und sein dämonisches Gefolge durch die Feier der Geburt Christi. Auch sämtliche alte Götter sind nicht davon angetan, dass wir sie vergessen und verleugnen. Ob sie nun keltisch, römisch, oder anderer Herkunft sind.

Die Neujahrsnacht ist der Übergang von einem, in das andere Jahr. Auch hier will der Teufel uns beherrschen und sät Unheil, Streit und Zwist, der sich in der folgenden Zeit verbreiten soll.

Immer wieder kann man lesen, dass ein Erfolg des Bösen in jenen Nächten für ein ganzes Jahr vorhält. Dies beruht meiner Meinung nach auf den verschiedenen Kalendern, welche den Beginn des Jahres in verschiedenen Jahreszeiten festgelegt haben. Für mich persönlich ein Beweis, dass sich Brauchtum und Aberglaube durch viele verschiedene Kulturen gebildet haben und sich auch in Zukunft noch länderübergreifend bilden werden.
Wer kann schon mit Gewissheit sagen, ob in hundert Jahren nicht auch in Deutschland Osterhexen fliegen?

Was ist die dreizehnte Nacht?

Vielleicht haben Sie schon einmal von der "Dreizehnten" Nacht gehört. Die Legende ist in Bayern weit verbreitet und nach der bayerischen Auffassung der Rauhnächte auch offensichtlich. Dennoch wissen nicht viele, dass damit die Dreikönigsnacht gemeint ist.

In vielen Kalendern wird von zwölf Rauhnächten gesprochen und auch die Überlieferungen berichten davon. Sie werden in Bezug gestellt, zu den zwölf Monaten des Jahres, den zwölf Sternzeichen, oder zu den zwölf Aposteln. Doch in Bayern wird die Bezeichnung Rauh – "Nacht" wörtlich genommen, denn sie beginnt mit dem Geläut des Abendgebetes und endet mit dem Glockenklang der Kirchenglocken für das Morgengebet.
Im Gegensatz zum Rest von Deutschland, der die Tagstunden in die Rauhnächte miteinbezieht und 24 Stunden als solche benennt, ergibt sich dadurch eine Differenz. Diese "Dreizehnte Nacht", wobei die Definition auch wirklich rein auf die Nachtstunden bezogen ist, findet man somit nur in Bayern.

Sie ist die schlimmste aller Rauhnächte und besonders gefürchtet.

Im allgemeinen Verständnis der Bedeutung einer Rauhnacht, nämlich Nächte, in denen Zauber verstärkt wirken und der Teufel mitsamt seinem Gefolge auf der Erde sein Unwesen treibt, kann man die Zahl sicherlich nicht auf zwölf, oder dreizehn beschränken. Diese Nächte verteilen sich über das ganze Jahr und sind im Grunde vor jedem größeren Feiertag zu finden.

Besondere Zauberkraft liegt zudem auch in den Vollmondnächten. Hierbei ist in manchen Kulturen die Kraft Lunas (Mondgöttin) maßgeblich.

Noch eine Rauhnacht?

Luziernacht
13. Dezember

Luzier, oder auch die Bluadige Luzier ist eine Sagengestalt. Sie entwickelte sich aus dem Lichterfest der nordischen Länder.

1582 entdeckte man die Fehlerhaftigkeit des julianischen Kalenders. Diese wurde von Papst Gregor dem Achten durch Umstellung auf den gregorianischen Kalender beseitigt. Die bisher längste Nacht im Jahr wurde zwangsverschoben vom 20ten auf den 21ten Dezember. Luzia, die Namensgeberin des Lichterfestes, weil sie als Lichtbringerin galt, wurde mit der Christianisierung und im Zusammenhang des heidnischen Kultes, welchen sie darstellte, zu einer Schreckensgestalt umfunktioniert. Blutverschmiert in Gesicht und an Händen, mit einem scharfen, langen Messer, sucht sie ihre Opfer in Wirtshäusern und auf den nächtlichen Straßen.

Obwohl die Luziernacht nicht zu den grundlegenden Rauhnächten gehört, etabliert sie sich doch immer mehr als solche in unserer Gesellschaft. Vereine und Gruppen verpflichten sich dem Brauchtum und dessen Erhaltung und natürlich darf die Luzia nicht fehlen, unter all den Schreckensgestalten, die aus der Hölle heraufsteigen und uns Angst und Bang werden lassen, oder uns einfach nur unterhalten.

Die Geschichte vom Fasching –
der nicht sterben wollte

Eine kleine Geschichte aus dem Raum München möchte ich hier zum Besten geben. Sie hat mich sehr erheitert, was ich meinen Lesern nicht vorenthalten will.

Wir befinden uns in den sechziger Jahren und auch zu dieser Zeit war es Brauch, den Fasching zur Mitternachtsstunde des Faschingsdienstags zu begraben.
Mit diesem Begräbnis wird in symbolischem Akt die Zeit der Feste beendet und die Fastenzeit eingeläutet. Ein parodierter Abschied, mit welchem wir auch die Laster der vorangegangenen Tage begraben, in denen Ausgelassenheit und Feierlaune herrsche und so manche kleine Sünde passierte.

Unser, mit bunten Flickenkostüm bekleideter Fasching wurde also feierlich in den Sarg gelegt. Um das Ablegen der Laster zu symbolisieren wurden ihm etliche Schnäpse und Witzverse hineingelegt und mitgegeben. Stark angeheitert und nicht gewillt die Feier zu beenden, versuchte der Fasching immer wieder aus dem Sarg zu klettern.

Er hatte einfach keine Lust zu sterben.

Während der ganzen Zeremonie hatten die Grabesredner gut zu tun, ihn wieder in seine Rolle zu verweisen und ihn in die hölzerne Kiste zurück zu schieben.

Es dauerte über zwei Stunden, bis das Begräbnis des Faschings, der aufgrund des Alkoholpegels und der Ermüdung, bei den ständigen Versuchen dem Begräbnis zu entgehen, einfach eingeschlafen war und doch noch begraben werden konnte.

Was hinter den Masken steckt

Karneval und Fastnacht, Fasching, oder Fastelovend sind gängige Begriffe für die Zeit, die am 11.11. beginnt und am Faschingsdienstag im darauf folgenden Jahr endet.

Die *Fünfte Jahreszeit* wird sie genannt und steht für Freude und Geselligkeit. Bevor die Fastenzeit mit dem Aschermittwoch beginnt, wird gefeiert. Hunderte verschiedener Variationen gibt es, wie sie begangen wird.

Karnevalsumzüge, Maskenbälle und Kinderfasching. Verschiedene Themen begleiten die Veranstaltungen. Die Kostüme richten dabei sich nach Angaben, wie Dschungel, Sechziger Jahre, Kinder der Nacht und vielen anderen mehr.

Beinahe jeder Verein beteiligt sich mit einer eigenen Faschingsfeier an dieser Zeit des Frohsinns.

Ein Grund sich zu maskieren ist, sich einmal im Jahr in eine andere Rolle zu begeben. Man kann sein wer man will, wie, oder was man sein möchte. Prinzessin, Vampir, oder Pirat. Tier, Superheld, Fantasiegebilde. Alles ist erlaubt.

Früher wurden gruselige Masken gewählt und Lärm, zusammen mit dem grausigen Erscheinen der Maskierten, sollte die Wintergeister vertreiben.

Einer der berühmtesten Faschingsumzüge ist in Rio de Janeiro zu finden. Er beginnt am Freitag vor dem Aschermittwoch und ist in Farbenprächtigkeit kaum zu überbieten. Ein regelrechter Wettbewerb unter den teilnehmenden Sambaschulen herrscht, bei dem bunten Treiben mit den ausgefallenen Kostümen.
Es ist eine große Ehre, Mitglied der Gewinnerschule zu sein.

Von der Wurst auf dem Ball
und altem Bier

Eine Tradition, die zwischen Fasching und Ostern während der Fastenzeit ausgeführt wird, nennt man im Bayerischen Wald unter anderem "Wurstball".

Für Jene, die es nicht kennen, klingt es zwiespältig, gerade in der Zeit des Verzichts, wo Tanz und Ausgelassenheit verpönt – ja zeitweise sogar verboten waren, einen Ball zu veranstalten.

In Teilen Niederbayerns ist dieser Brauch als "Altes Bier" bekannt. Der Hintergrund dieser nicht typischen Feier ist wirtschaftlicher Art.

Da die Wirte in der Fastenzeit verständlicher Weise nur einen kargen Umsatz zu verzeichnen hatten, ging dies bei vielen Dorfwirtschaften an die Substanz.

Wer sich an frühere Tage erinnert, dem ist bekannt, dass sich bei den Wirtshäusern oft auch die örtliche Metzgerei befand. Der Konsum von Fleisch und Wurst, ebenso wie der Luxus eines Besuches der örtlichen Gaststuben, schränkte sich durch die Eigenheit der Fastenzeit stark ein.

Die Veranstaltungen in dieser Zeitspanne resultierten somit aus der Selbsthilfe der Gastronomen.

Durch diese Bälle wurde die Bevölkerung aufgerufen, die Wirtshäuser wieder zu füllen und bei den Wirten eine Zeche zu hinterlassen. Auch die Geschäftspartner der Wirte wurden eingeladen.

Das ganze Jahr über bezieht der Betreiber des Wirtshauses Waren von seinen Lieferanten. Von Geschirr über Tischdecken, Lebensmitteln und Dekorationen bis hin zu Dienstleistungen, wie sie von Reinigungen, Lieferdiensten und anderen angeboten werden. In der Zeit des Wurstballes, oder Alten Biers, ist dieses Abhalten der Veranstaltung auch ein Aufruf an diese, einmal im Jahr bei ihm einzukaufen.

Die Benennungen "Jahresbier", oder "Jahreszeche" sind nicht ganz so geläufig. Tanz, wie bei einem richtigen Ball, gibt es dazu nur in seltenen Fällen, was sich wiederum regional sehr unterscheiden kann.

112

Weitere Bräuche und Aberglauben

Das Ding mit dem Hufeisen

Hufeisen bringen Glück, das weiß jedes Kind. Die Bedeutung des Hufeisens als Glückssymbol entstand in früheren Zeiten.

Pferde waren ein wertvolles Gut und aus wirtschaftlicher Sicht effektiv einsetzbar. Zur Arbeit auf den Feldern, zur Fortbewegung im Sattel, oder in der Kutsche, im Krieg, oder auch als Nahrungsmittel.

Wer ein Pferd besaß, der war in gewissem Sinne kein armer Mann. Natürlich tat man alles, um dieses Gut zu beschützen. Hufeisen waren gut für das Tier, und somit auch gut für den Besitzer.

Die Übersetzung eines türkischen Sprichwortes lautet folgendermaßen:

"Ein Nagel kann ein Hufeisen retten, ein Hufeisen ein Pferd, ein Pferd einen Reiter und ein Reiter ein Land."

Den Überlieferungen nach bringt das Hufeisen nur dann Glück, wenn es richtig an Haus, oder Stall angebracht ist. Sofern dies gegeben ist, schützt es angeblich vor Unglück, Unheil, Krankheit und bösen Geistern, oder Fremden, die uns Böses wollen.

Die offene Seite sollte bei der Anbringung immer nach oben zeigen, da anders herum das Glück herausfallen könnte.

Eine andersartige Deutung läuft auf das Gegenteil hinaus. So wurden die Enden des Hufeisens als Teufelshörner gedeutet. Quer angebracht symbolisiert es ein C und damit den Namen Christi.

Mancherorts nagelte man das Hufeisen mit der Öffnung nach unten an die Türstöcke von Geschäften. Der Kunde sollte somit als Dank für den Einkauf bei Verlassen des Ladens ein bisschen Glück mit auf den Weg bekommen.

Wie auch immer wir unser Hufeisen aufhängen, es gibt die richtige Deutung dafür, damit es uns recht viel Glück bringt.

Die schwarze Katze

Schwarze Katz' von rechts – Was Schlecht's.

So, oder so ähnlich kennen wir den Ausspruch über das Pech, welches uns die schwarze Katze bringen soll, die unseren Weg kreuzt. Doch wie bei jedem Aberglauben gibt es auch hier verschiedene Auffassungen.

Schwarze Katz' von links – das bringt's.

Der Gegenspruch, der aus dem Unglücksbringer einen Glücksbringer macht, ist in weiten Teilen Deutschlands bekannt. In manchen Fällen ist es vollkommen gleichgültig von welcher Seite die Schwarze Katze erscheint. Sie bringt in jedem Fall nichts Gutes.

Um den Ursprung dieses Aberglaubens zu finden, muss man ins alte Ägypten zurückgehen. Ca. 3000 vor Christus verkörperten Katzen die Göttin Bastet. Eine Frau mit Katzenkopf, die für Fruchtbarkeit und Schönheit stand und zugleich Mond- und Sonnengöttin war. Die Katze wurde verehrt und die Zeichen dieser Verehrung sind heute noch in unzähligen Statuen des heiligen Tieres zu finden.

Diese Anbetung der Tiere ging sogar so weit, dass man sie nach ihrem Tod mumifizierte, wie auch Pharaonen mumifiziert wurden. Prachtvoll geschmückte *Sarkophägchen* wurden mit Mäusen und anderen Futtertieren bestückt und der Katze mitgegeben.

Über Griechenland kamen die Tiere nach Europa. Als das Christentum aufkam, stand die Katze als Zeichen des Heidentums und wurde als Tier der Hexen benannt. Eine Hexe verwandle sich vorzugsweise in eine schwarze Katze, oder einen schwarzen Raben, so die Überlieferung.

Der Glaube an das Unglückstier - Schwarze Katze - manifestierte sich allerdings bereits bei den Kelten. Diese seien nicht sehr gelehrig und haben einen unbeugsamen Willen. Sie brächten Ungeziefer (gefangene Mäuse, Schlangen, Ratten, u. s. w.) ins Haus.

Folglich nicht das angenehmste Mitbringsel, welches man sich vorstellen kann.

FELICITAS

Felicitas, die schwarze Katze,
liegt tagein am selben Platze.
Sie schnurrt, wenn sie die Sonne wärmt
und faucht, wenn wo ein Auto lärmt.

Sie saß auch schon auf einem Baum
und manches Mal quält sie ein Traum.
Dann krallt sie sich ins Kissen ein,
schreckt kurz auf – schläft wieder ein.

Sie frisst gern Fisch und Leckerbissen,
muss auch manche Male nießen.
Sie leckt ihr Fell und macht sich sauber
und hat ihren eignen Zauber.

So wie jede Katze halt,
egal ob junge, oder alt.
Egal ob schwarz, weiß, oder braun,
kannst du ihr ebenso vertraun.

Freitag der 13.

Paraskavedekatriaphobie, so heißt die Angst vor Freitag dem 13ten in der Fachsprache. Menschen die darunter leiden, getrauen sich in schweren Fällen an diesen Tagen nicht einmal recht aus dem Bett.

Für diesen Aberglauben gibt es unzählige Deutungsversuche. Fest steht, die Zahl Dreizehn und der Wochentag Freitag galten schon seit langem als Unglückssymbole.

Die Zahl an sich wurde im Volksmund als das Dutzend des Teufels bezeichnet, da sie die Zwölf überschreitet. Wir befinden uns wieder in einem geschlossenen System, welches auch schon in den Kalendern verankert ist. Zwölf Monate, zwölf Apostel, zwölf Monde, zwölf Rauhnächte.

In anderen Ländern, wie zum Beispiel China, gilt diese Regel nicht. Hier ist die Dreizehn eine Glückszahl, ebenso wie in der jüdischen Tradition.

Der Wochentag Freitag wird im Neuen Testament als Tag der Kreuzigung Jesu Christi genannt. Unser Karfreitag ist ein Fasten- und Trauertag, der uns an das Leiden und Sterben Jesu erinnern soll. Die Kombination dieser zwei Elemente verheißt uns nichts Gutes.

Sieben Jahre Pech

Ein zerbrochener Spiegel, ob nun durch eigene Schuld, Absicht, oder Tollpatschigkeit, bringt uns sieben Jahre Pech, so der Volksglaube.

Dieser Aberglaube hat seine Wurzeln in einer Zeit, in der Spiegel sehr wertvoll und teuer waren. Man könnte behaupten, Spiegel waren eine seltene Ware, bei der die Nachfrage größer, als die Produktion war. Man musste also lange sparen, um sich so eine Rarität leisten zu können. Ging der Spiegel zu Bruch, dann hatte der Besitzer im wörtlichen Sinne Pech, denn sich sofort einen neuen zu kaufen, war in den wenigsten Fällen möglich.

Bei den Römern nahm man an, die Scherben eines zerbrochenen Spiegels würden einen Teil der Seele des Betrachters beinhalten. Spiegel fingen nach römischem Glauben die Seele dessen ein, der sich in ihnen spiegelte. Eine Seele wieder zu vervollständigen, würde sieben lange Jahre dauern. Wahres Pech, wenn der Betreffende vorher starb, ehe die Frist verstrichen war.

In Bayern gibt es noch eine andere Spiegelgeschichte, die mir meine Großmutter einmal erzählte.

Wer den Teufel fangen möchte, der müsse einen Spiegel mit der Vorderseite nach unten auf einer Wegkreuzung in der Mainacht eingraben. Um die Stelle zieht man einen Kreis aus Salz, damit der Teufel, in dem Spiegel gebannt sei. Auf seinem Weg von der Hölle auf die Erde würde er sich in dem Spiegel verfangen und müsse einem versprechen, nie wieder zu kehren. Gräbt man den Spiegel am nächsten Tag wieder aus, dann könne man die Zukunft für ein ganzes Jahr darin sehen.

Ein weiterer Ausspruch ist mir vertraut und gut in Erinnerung geblieben. Darin geht es um Selbstverliebtheit und, dass man sich nicht dauernd im Spiegel betrachten solle, sonst könne es sein, dass einem der Teufel einmal entgegenblicken würde.

Warum die Braut
über die Schwelle getragen wird

Hochzeitsbräuche gibt es so viele, dass man darüber ein eigenes Buch schreiben könnte. Diesen hier habe ich ausgewählt, weil er in gewissem Sinne auch einen Teil Aberglauben mit beinhaltet.

Wer seine Braut über die Schwelle trägt, der führt sie symbolisch in eine neue Lebensphase.
Die Zeit, aus der dieser Brauch stammt, war anders und auch die Beziehungen, die damals geführt wurden. Die Braut war Jungfrau, eine gemeinsame Wohnung vorab, oder gar ein Zusammenleben ohne Hochzeit, undenkbar.
Es war die Frau, die das elterliche Haus verließ und nun in ein anderes Leben ging, von dem sie noch nicht genau wusste, wie es sich gestalten würde.
Zum anderen lag diesem Hochzeitsbrauch auch die Angst vor bösen Geister zugrunde.

In Mauerritzen und Türschwellen verborgen, sollten sie lauern. Um die Braut nun unbeschadet und beschützt über diese Gefahren hinweg zu tragen, tat man genau dieses.

Der Ausdruck, jemanden auf Händen tragen, bedeutet insofern auch, ihn vor allem Übel zu schützen.

Die Rose von Jericho

Als Marienrose wird sie bezeichnet. Als Wüstenrose, Jerichorose, oder Jerusalemrose ist sie bekannt. Ein Kreuzblütengewächs, welches in Teilen Nordafrikas, dem Sinai und in Wüstengebieten von Israel und Jordanien beheimatet ist.

Ein totes, ausgedörrtes Krautkugelchen, welches nach einer Wiederbelebung, indem man sie schlicht in Wasser legt, wieder zu neuem Leben erwacht.

Alleine diese Fähigkeit ist bewundernswert und mag in einer Zeit, in der die Wissenschaft dies noch nicht erklären konnte, wie ein Wunder erschienen sein.

Durch die Kreuzzüge kam die Pflanze nach Europa. Später fand sie auch als Mitbringsel von Pilgern ihren Weg in unsere Gefilde.

Ich selbst habe meine erste Rose von Jericho in meiner Kindheit auf einem benachbarten Bauernhof gesehen. Man erzählte mir, sie stünde für Glück und Wohlstand, weshalb sie von Generation zu Generation von der Mutter an die Tochter weitergegeben würde.

Nach altem Glauben, kann man mit ihr die Dauer einer Geburt ablesen. Sobald die Wehen einsetzen, gibt man die Pflanze in eine Schale mit Wasser. Wenn sie Erblüht, würde das Kind geboren.

Thymian für Geldsegen

Wer sich einen Geldsegen herbeizaubern möchte, der solle am Abend vor Allerheiligen einen Schuhkarton mit Thymian füllen. Dort hinein legt man Papier, welches von Farbe und Format den Scheinen gleicht, welche man erhalten möchte. In Anzahl dürfen die Papierrechtecke die Zwölf nicht übersteigen.

Mit Sisalschnur umwickelt man das Päckchen und verknotet es anschließend mit zwölf Knoten. Punkt Mitternacht vergräbt man die Schachtel im Erdreich. Während der ganzen Zeit soll man sich Gedanken machen, was man mit diesem Geld machen möchte und auch über einen Teil, den man nicht für sich selbst ausgibt. Es darf während des Knotens und des Vergrabens kein Wort gesprochen werden.
Der Geldseegen stelle sich dann ab dem nächsten Monat ein.

Zu diesem Ritual habe ich mittlerweile schon verschiedene Ausführungen gehört. So soll es mit Lavendel ebenfalls funktionieren.

Das Päckchen müsse hier allerdings wieder ausgegraben werden, sobald das Jahr vorüber ist, sonst würde es dieselbe Summe wieder von einem wegziehen, die man erhalten habe.

In einer anderen Version müsse man die Schachtel sogar auf dem Friedhof vergraben.

Ich persönlich kann mir nicht vorstellen, welche Summe mich am 31. Oktober um Mitternacht auf den Friedhof treiben könnte, die in zwölf Geldscheinen zu erreichen wäre.

Schuhwurf am 30. November

Ein relativ unbekannter Brauch, weil selten überliefert, ist der so genannte Schuhwurf.

Dabei wirft die jungfräuliche Maid einen Schuh über ihre Schulter.
In manchen Erzählungen ist es die rechte, weil dort auch der Ehering an der Hand getragen wird, in anderen ist es die linke, weil dort das Herz sitzt.

Vorsicht! Nicht überall wird der Ehering an der rechten Hand getragen!

Identisch ist die Angabe, dass die junge Frau mit dem Rücken zur Haustüre steht, während sie ihr Fußleder nach hinten wirft.
Zeigt die Spitze des geworfenen Schuhs vom Haus weg, so ist im nächsten Jahr mit einer Hochzeit zu rechnen. Tut sie dies nicht, und die Hacke zeigt in diese Richtung, dann bedeutet es, dass sie noch zu Hause bleibt und eine Vermählung auf sich warten lässt.

Streng genommen, so hat man mir gesagt, müsse der Schuh das ganze Jahr über liegen bleiben.

Ich persönlich finde diesen Brauch witzig.
Die Ausführung würde all die einzelnen Schuhe erklären, die man hin und wieder in den Straßengräben finden kann...

130

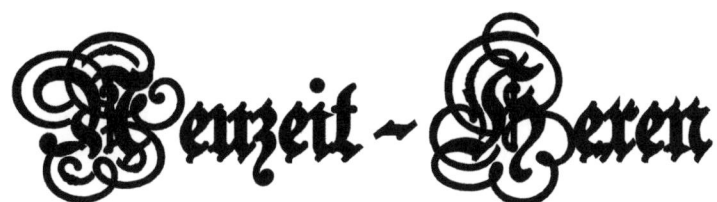

Neuzeit - Hexen

Der große Unterschied

In der heutigen Zeit scheint es eine Auszeichnung zu sein, sich als Hexe zu bezeichnen. In verschiedenen literarischen Werken wird vermittelt, wie "Cool" es doch ist, zaubern zu können. Fakt ist, es bleibt bei der Fantasie. Auch, wenn wir uns wünschen, Probleme mit einem Fingerschnippen, einem kessen Zauberspruch, oder einem giftig grün dampfenden Gebräu in Luft aufzulösen.

Die historischen Zusammenhänge, die wir gedanklich mit dem Wort "Hexe" verbinden, sind ausgestorben. Die Zeiten der Verfolgung und Prozesse sind vorbei und es ist zu beobachten, dass sich das "Hexenwesen" wieder auf die ursprünglichen Pfade seiner Bedeutung hinbewegt.

Weise Frauen, der Heilkunst mächtig und mit der Natur und sich selbst in Einklang, tief verbunden.
Dabei ist der christliche Glaube in keiner Hinsicht in Gefahr. Aus bestimmten Blickwinkeln heraus, profitiert er in Bezug auf die vielen Parallelen, welche die beiden Glaubensarten aufweisen.

Eine Hauptregel der modernen Hexen ist:

"Du kannst alles tun, solange du keinem damit schadest, oder ihn verletzt"

Weit aus dem Fenster gelehnt könnte man diesen Ausspruch als Generalzusammenfassung der Zehn Gebote nehmen, die im Grunde genau dieses beschreiben.

Hexen heute sind also nicht vom Glauben abgefallen, sondern bewegen sich auf die Grundessenz hin. Natürlich ist hier die Rede von den Guten Hexen, der Weißen Magie, die von Heilung, altem Wissen und Weisheit durchflutet wird.

Was die Hexen heute machen

Die Bedeutung des Wortes Hexe trägt immer noch ein Geheimnis mit sich, eine Art Bedrohung und (für manche Menschen) eine unheimliche Anziehungskraft der schwarzen Magie, welche ihr ohne Zweifel innewohnt.

Im Unterbewusstsein ist die Hexe immer noch böse, alt und hässlich. Sie hat einen Buckel, eine Warze auf der Hakennase und einen in sich gedrehten Wanderstock, der ihr als Stütze dient.
Dieses Bild wurde uns in Märchen vermittelt und hat unsere Kindheit geprägt. Ich persönlich behaupte, dieses Bild ist generationsabhängig. Wer in der Kindheit mit Bibi Blocksberg aufwächst hat mit Sicherheit ein anders Bild von Hexen im Kopf.

Eine Vollbluthexe in unserem Jahrhundert feiert die Feste, wie sie fallen. In diesem Punkt unterscheidet sie sich nicht vom "Normalbürger".
Der wohl bekannteste Hexenkult, ist der, der Wicca.

Esbat ist ein Ritual, welches zu jedem Vollmond praktiziert wird.

Es beginnt mit einem reinigenden Bad und der Räucherung mit Weihrauch und Sandelholz des Ortes, an dem dieser kleine Sabbat gefeiert wird.

Die Parallelen zu unserem bekannten Gottesdienst und auch zu vergleichbaren Gebetsritualen in anderen Kulturen und Völkern sind auffällig. Man könnte sie als Zeichen deuten, dass all unsere Religionen aus einem einzigen Wurzelstock kommen und, gleich der Krone eines Baumes, sich erst später in verschiedene Richtungen entwickelten.

Weiß und Schwarz – wirklich abgrenzbar?

Selbstbezeichnende Hexen üben ihre Rituale aus.

Es gibt eine Unzahl an angeblicher Fachliteratur, welche Anleitungen zur Ausführung derselben liefern. Hauptsächlich ist dort von "Weißer Magie" die Rede. Besonders gefährliche Rituale sind in solchen Büchern mit einem Warnhinweis gekennzeichnet. Auf diese Literatur ist angewiesen, wer keinen Kontakt mit Gruppen und/oder "Führungskräften/Gelehrten" dieser Materie hat.

Vor allem in England, so heißt es, gibt es mehrere Hexenzirkel. Eine andere Bezeichnung für die Gesellschaft der Hexen wird auch als Coven festgehalten. Gleich einer Kirchengemeinschaft treffen sich die Mitglieder, um die alten Feste miteinander zu begehen und den Sabbat abzuhalten.

Diese Feste finden wir in auch heute noch im gregorianischen und keltischen Kalender.

In Bayern ist dieses spezielle Outing, die Zugehörigkeit zu einer dieser Gesellschaften, noch nicht sehr verbreitet. Generell kann man kein Urteil darüber fällen, was eine Hexe nun tut, oder auch nicht. Die Gesinnungen dieser Zirkel unterscheiden sich zum Teil in grundlegenden Dingen und Ansichten.

Auch hier, wie bei jedem anderen Glauben auch, gibt es mehr engagierte Mitglieder und welche, die sich nicht so sehr in die Gemeinschaft etablieren. Stark Gläubige und unwissende Hexen werden sich sicherlich gerne einem Coven anschließen, während die Worte der Überlieferungen von "Einzelgängern" eventuell anders ausgelegt, oder hinterfragt werden und sie sich deshalb von den vorhandenen Gemeinschaften distanzieren. Wie in der Bibel auch, ist es zum Teil eine Sache der Auslegung, das Überlieferte zu deuten.

Einige Coven machen einen großen Unterschied zwischen der so genannten "Weißen Magie" und der "Schwarzen Magie". Andere übernehmen die simultane Darstellung vom chinesischen Yin und Yang. Das "Eine" ist ohne das "Andere" nicht existent.

Wer jetzt verwirrt ist, der sollte sich an die Logik der Natur halten, welche uns im Endeffekt alles lehrt.

Denn, wenn ich etwas von einem Ort entferne, dann muss es wo anders auftauchen. Nicht zwingend in der gleichen Form und Konsistenz, doch es ist da.

Eine kleine Zauberei...

Diese Art der Zauberei hat keine bestimmten "Wenn-Dann"-Regeln.
Egal, was ich als Mensch mache, es wird Konsequenzen nach sich ziehen. Steige ich in einen Bach, dann werden meine Füße nass. Vielleicht trage ich mit diesem Tun etwas Erde in das Wasser. Diese wird eventuell vom Wasser irgendwo ans Ufer gespült. Vielleicht hatte ich einen Baumsamen an den Fußsohlen, der dann dort keimt und wächst.
Schon habe ich -ohne mein Wissen- einen Baum gepflanzt. Dies bedeutet allerdings nicht, dass ich jedes Mal einen Baum pflanze, wenn ich meine Füße in einem Bach versenke...

Angenommen, es handle sich dabei um ein Ritual. Klassisch bei Vollmond zur Mitternacht, wie es von Hexen erwartet wird. Es könnte als ein Ritual zur eigenen Reinigung gesehen werden, in der eine Hexe mit einer Zeremonie ihren Körper und die Seele von allem Schlechten befreit.

In diesem Falle wäre auch der Baum (der dadurch an einem anderen Ort wächst) das Resultat dieser Zeremonie. Mit allem Schlechten abgewaschen und vom Strom des Baches an einen anderen Ort gesetzt. Wir sollten uns kurz die Frage stellen, ob dieser Baum nun Schlechtem, oder Gutem entspringt.

Gut ist sicherlich die Entscheidung sich zu reinigen, ob nun körperlich, oder seelisch gesehen. Tatsache ist, dass dieser Baum dort wächst.

Eine weitere Frage, die eine starke Abgrenzung zwischen Weiß und Schwarz in der Hexenmagie untergräbt, ist die Frage nach der Löwenmutter, die eine Gazelle reißt, um ihren Nachwuchs zu ernähren. Eine gute Tat für die Jungen der Löwin, die sonst vielleicht verhungern müssten. Die Gazelle wird davon weniger begeistert sein, wenn sich die Zähne des Raubtieres in ihrer Kehle versenken.

Um zu verstehen und Neues anzunehmen, sollten wir uns bewusst werden, dass die Ansichten über Gut und Böse, ob sich etwas gehört, oder nicht, anerzogene Dinge sind.

Zauberbuch - Bibel

Ein Zauberbuch wird als Grimoire bezeichnet.

Die Herkunft dieses Wortes ist noch nicht eindeutig geklärt.

Grimoires sind Sammlungen von Beschreibungen. Anrufungen (Geister / Dämonen), Ritual- und Anfertigungsanweisungen (Amulette / Talismane) sind in ihnen aufgezeichnet.

Die bekanntesten Bücher dieser Art sind der "Grand Grimoire" und der "Dragon Rouge". Die meisten Bücher dieser Art wurden im 17. Jahrhundert angefertigt. Ebenso gehören der große und der kleine Schlüssel Salomons zu diesen Zauberbüchern und überraschender Weise, auch Bücher Mose, wobei einige davon nachweislich frühestens Ende des 18. Jahrhunderts entstanden sind. Diese tragen den Beinahmen "falsche Bücher Mose".

Das berüchtigte "Buch der Schatten" ist ebenfalls als Grimoire zu bezeichnen. Dabei handelt es sich nicht um ein Einzelwerk, sondern um Werke, welche in jedem Hexenzirkel zu finden sind und nur den Mitgliedern zugänglich gemacht werden. Hier liegen auch teilweise die Unterschiede im Vergleich der Zirkel.

Neuzeit - Drachen

Die Verkörperung des Drachen

Der Drache, im Lateinischen Draco, aus dem Altgriechischen mit drákōn, in der Bedeutung des Wortes Schlange gleichgesetzt. Streng genommen heißt es allerdings "der starr Blickende" was dem Bild der Schlange sehr stark entspricht und auch als Bezeichnung für ungiftige Exemplare genutzt wurde.

In Bayern ist der Drache unter dem Begriff Lindwurm bekannt.

In der Mythologie sind Drachen Mischwesen, in denen sich die Eigenschaften von Reptil, Vogel und Raubtier vereinigen.

In verschiedenen Kulturen werden sie mit unterschiedlichem Erscheinungsbild und auch abweichender Symbolik beschrieben. In unseren Breitengraden gilt der Drache als Symbol von Chaos und Bedrohung. Er speit Feuer und vernichtet ganze Orte. Es braucht schon einen Drachentöter, einen Helden, oder einen Gott um das Ungeheuer zu bezwingen.

Der ostasiatische Drache hingegen ist ein Glücksbringer. Er steht für Macht und Fruchtbarkeit. Drachen zieren dort als Dekoration viele öffentliche Orte. Ich persönlich habe noch kein chinesisches Restaurant gesehen, in dem nicht mindestens ein Drache abgebildet war.

Im Gegensatz zum West-Drachen, ist der Ost-Drache in seiner Gestalt im Körperbau mehr einer Schlange ähnelnd. Hier wird er stark mit dem Wasser in Verbindung gebracht und gilt ebenso als Regenbringer.

Sagen und Legenden über Drachen sind keine Seltenheit. In Deutschland fordern sie meist Jungfrauen als Tribut. Im Gegenzug verschonen sie die Dörfer, welche dieses Opfer erbringen.

In der heutigen Fantasy ist die Geschichte mit der Jungfrau nicht mehr gefragt. Mensch und Drache kämpfen miteinander Seite an Seite, oder gegeneinander. Die Eigenschaften der Drachen werden den Anforderungen der Geschichten angepasst.

So gibt es mittlerweile nicht nur Feuerspucker, sondern auch Drachen mit Eislungen. Ebenso besonders starke und auch gutmütige, beinahe väterliche Drachen. Sie sind Freund, Verbündeter, oder Gegner. Meist sind sie Jahrhunderte alt, können sprechen und tragen unsagbares Wissen in sich.

Der Further Drachenstich

In Furth im Wald findet dieses älteste Volksschauspiel Deutschlands alljährlich statt. Der Drachenstich, die Bezeichnung des Tötens eines Drachens, ist dabei Namensgeber der Veranstaltung.

Die Aufführung spielt, nach der Neufassung von Josef Martin Bauer (1951), im Jahre 1431 und trägt als Hintergrund die Hussitenkriege. Die Geschichte des Ortes wird darin umgesetzt. Wie wir bereits gelesen haben, braucht es einen Helden/Drachentöter, um Untieren dieser Zeitepoche Herr zu werden.
Der Drache, Symbol für die Kriegs-Schrecken, wird von dem Fahnenträger Udo darin zur Strecke gebracht. Dieser übernimmt diese Rolle des Drachentöters, um das Burgfräulein zu retten.
Eine Liebe, die auch mit Intrigen ganz anderer Art zu kämpfen hat.

Traditionell wird der Further Drachenstich in der zweiten Woche des Monats August aufgeführt.

Der Ursprung des Drachenstichs zu Furth liegt allerdings in der Fronleichnams-Prozession.

Es wird angenommen, dass die Geschichte des Heiligen Georgs als Vorbild für die Tradition (Kampf von Gut gegen Böse) als Grundlage diente, dass dieser Gang in Rüstung erfolgte.

Der Kirche missfiel dieses Brauchtum, hierbei einen Drachen mitzuführen, um diesen anschließend zu stechen. Verbote und Kritik wurde vom Volk ignoriert.

1887 wurde der Drache aus dem Fronleichnamszug verbannt und in ein Festspiel gelegt und umdatiert.

In den letzten Jahren hat sich ein weiteres Fest in diesen Zeitraum etabliert. Das Cave Gladium, ein Ritterlager mit Turnier in mittelalterlichem Auftreten.

Die Fangemeinde dieses Festes wächst von Jahr zu Jahr. Viele Liebhaber der Kaltenberger Ritterfestspiele finden sich unter den Besuchern.

Von Wilhelm Busch

(Verstreute Gedichte)

Auszug:

Der kühne Ritter und der greuliche Lindwurm

Es kroch der alte Drache
Aus seinem Felsgemache
Mit grausigem Randal.
All' Jahr ein Mägdlein wollt' er,
Sonst grollt' er und radollt' er,
Fraß alles ratzekahl.

Was kommt da aus dem Tore
In schwarzem Trauerflore
Für eine Prozession?
Die Königstochter Irme
Bringt man dem Lindgewürme,
Das Scheusal wartet schon.

Hurra! Wohl aus dem Holze
Ein Ritter keck und stolze
Sprengt her wie Wettersturm.
Er sticht dem Untier schnelle
Durch seine harte Pelle;
Tot liegt und schlapp der Wurm.

Da sprach der König freudig:
»Wohlan, Herr Ritter schneidig,
Setzt Euch bei uns zur Ruh.
Ich geb' Euch sporenstreiches
Die Hälfte meines Reiches,
Mein Töchterlein dazu!«

»Mau, mau!« So rief erschrocken
Mit aufgesträubten Locken
Der Ritter stolz und keck.
»Ich hatte schon mal eine,
Die sitzt mir noch im Beine!
Ade!« Und ritt ums Eck.
O altes blaues Wunder!
Da han wir doch jetzunder
Mehr Herz im Kamisol.
Wir ziehen unsre Kappe
Vor solchem Schwiegerpappe
Und sprechen: »Ei jawohl!«

Drachenblut

Unter diesen Begriff fällt ein Heilmittel, welches aus Baumharz mit der gleichen Bezeichnung gewonnen wird. Es soll gegen Schuppenflechte helfen und ist frei erhältlich.

Aus mystischer Sicht verstehen wir darunter das Blut des Fabelwesens Drache. In Sagen und Legenden wird es als Schutzmittel, Heilmittel und Grundzutat in Hexensalben und Tränken erwähnt.

Als Trank der Götter wird es ebenfalls bezeichnet. Die Grundform dieser Flüssigkeit ist Honig-Wein. Die rote Farbe resultiert durch das Untermischen von Kirschen beim Keltern. Allgemein ist der Trank der Götter als Met bekannt.

Echtes Blut hingegen finden wir in einem deutschen Trauerspiel.

Der Drachentöter Siegfried nimmt im Lied der Nibelungen ein Bad im Blut eines Drachen und wird dadurch unverwundbar.

Heute ist Drachenblut, oder Drakenbloud im zehn-Liter-Kanister erhältlich und besteht aus Kirsch-Met. Bis auf die Farbe und die Konsistenz dürfte der Trank mit dem Blutbad Siegfrieds nicht viel gemeinsam haben.

Zwar mag man sich nach dem Genuss einiger Gläser für unbezwingbar halten, jedoch sind Zweifel über die Richtigkeit dieses Gefühls mehr als angebracht.

Neuzeit - Teufel

Der gefallene Engel

Wenn wir von einem gefallenen Engel reden, dann ist meist nur Einer damit gemeint.

Satan, Luzifer, Samael, Belzebub, der Höllenfürst schlechthin, welcher noch unzählige andere Namen mit sich führt.

Unser wohlbekannter Teufel, der nun durch die Wiedersetzung der göttlichen Regeln automatisch all das Böse in der Welt verkörpert.

Die Verbannung des Engels aus dem Himmel lässt ihn fallen. Doch Teufelchen ist nicht der einzige Engel, der jemals gefallen ist.

In der Literatur findet man Schriften, vorausgesetzt man gräbt tief genug, in denen durch die Entfernung von Gott viele Engel fielen und sich in Dämonen, oder auch Menschen verwandelten.

Eine dieser Lehren findet man vom Kirchenvater und christlichen Gelehrten Origenes, der aufgrund seiner Ansichten beinahe als Ketzer exkommuniziert wurde. Er stellte auch die Verbindung von dem Fall des Engels Luzifer mit dem Teufel her.

Eine ganze Gruppe von Engeln fiel, weil sie sich in Menschen verlieben und sogar Kinder, die so genannten Nephilim, mit ihnen zeugten. In Dämonen verwandelt und des Himmels verstoßen zählen auch sie zu den gefallenen Engeln.

In der Offenbarung Johannes wird der Fall unseres Teufels und Herrschers der Hölle beschrieben. Der erwähnte Drache wird als der Teufel erwähnt. Die Engel kämpften mit dem Erzengel Michael gegen den Drachen, der am Ende in einen See aus brennendem Schwefel geworfen wurde.

Lilith

–eine andere Version

des Teufels

Die erste Frau Adams trug den Namen Lilith. In der Bibel nach ihr zu suchen ist vergeblich, doch im Talmud wird von ihr berichtet. Lilith war Adam gegenüber gleichgestellt. Sie sah sich als freies Wesen. Stolz und selbstbewusst ordnete sie sich nicht unter. Gott war erzürnt, weil sie sich weigerte Adam zu dienen. Er sah Adam als Ebenbild seiner selbst und empfand Liliths Verhalten als Rebellion gegen seine eigene Person.

Auch Details über das Sexleben von Adam und Lilith werden erwähnt. So wollte Lilith Adam die dominante Position nicht überlassen und stattdessen oben liegen. Es kam zu einem Zerwürfnis darüber zwischen den beiden, worauf Lilith durch das Aussprechen des geheimen Namens des Herrn davonflog.
Sie ließ sich am Roten Meer nieder und ging eine Verbindung mit dem Dämon Djinns ein.

(Ob die Geschichten mit den Zaubergeistern in der Flasche damit zusammenhängen, möchte ich an diesem Punkt nicht ausschließen. Während meiner Recherchen konnte ich im Zusammenhang mit Lilith keine Erwähnung von Djins in Flaschen, Lampen, oder anderen Gefäßen finden.)

Adam aber flehte Gott an, sie wieder zurück zu holen. Dieser sandte drei Engel aus. Lilith lachte schallend über die Versuche der Engel und Adams Flehen.

Als Strafe ließ Gott jeden Tag hundert Kinder aus Liliths Verbindung mit dem Dämon töten. Wahnsinnig vor Trauer wurde Lilith selbst zu einer Kinder mordenden Dämonin. So verbreitete sie Angst und Schrecken.

In der Bibel findet man die Geschichte von Adam und Eva. Die Schlange im Paradies wird generell als der Teufel interpretiert. Nach dem Talmud wird die Schlange mit Lilith in Zusammenhang gebracht, welche Eva die Frucht vom Baum der Erkenntnis reichte.

Lilith wird vom Wort Lilitu abgeleitet. Es kommt aus dem Babylonischen und kann mit Windgeist übersetzt werden.

In den Schriften Jesajas (34,14) ist sie als *die Nächtliche* erwähnt.

Im Talmud stellt sie ein blutsaugendes Nachtgespenst und ein Weib des Teufels dar.

In Griechenland finden wir eine Verbindung zur Göttin Hekate.

Die Eule ist ein darstellendes Symbol für Lilith. Sie gilt als Sinnbild der Weisheit und als Überbringer des Todes. In Abbildungen findet man Lilith als schöne Frau, welche ab der Hüfte in Feuer übergeht.

Nachwort

Brauchtum und Aberglaube entwickeln sich stetig weiter. Der Zusammenhang, zwischen all den so unabhängig voneinander gesehenen Durchführungen, ist im Grunde nicht von der Hand zu weisen. Meiner Meinung nach kann man Brauchtum und Aberglaube gut mit einem Baum vergleichen, dessen Wurzeln tief in der Erde (Vergangenheit) liegen und der sich in der Krone ins Unendliche zu verzweigen scheint. Was vor zweihundert Jahren noch als Realität angesehen wurde, wo es als tiefer Glauben in den Herzen und Gedanken der Menschen verankert lag, wird heute zum Teil als naiv belächelt. An Hexen, so wie sie früher dargestellt wurden, glaubt heute kaum noch jemand. Schauergeschichten über Drachen, oder den Teufel schrecken uns eher selten. Die Zeiten haben sich eben geändert und doch, man sieht immer mehr Leute, die sich in Vereinen und Gemeinschaften dem Brauchtum widmen und sich damit beschäftigen.

Wer für sich selbst herausfinden möchte, ob diese Dinge für ihn einen ernstzunehmenden Hintergrund in seinem Leben bilden, oder ob es einfach nur Humbug ist, dem rate ich, sich an Allerheiligen um Mitternacht in einen Salzkreis auf eine Wegkreuzung zu setzen. Vielleicht ereilt ihn die Erleuchtung und sei es, dass der Teufel daran Schuld trägt.

Ein Ausspruch einer alten Frau, die ich kannte, als ich klein war lautet:

Brauchen **tun(m)** wir es nicht
– **Aber** daran **glauben** schon.

Die Autorin...

...Gabriele Steininger,
wurde 1977 in der kleinen bayrischen Stadt Bad Kötzting geboren.
Schon in jungen Jahren entdeckte sie ihre Affinität
zum geschriebenen Wort.
Seit 2013 arbeitet sie an Büchern,
die sie für die Öffentlichkeit schreibt.
Unter verschiedenen Pseudonymen veröffentlicht sie,
unter anderem,
in den Genres Krimi, Fantasy und Kurzgeschichten.
Die Werke der selbstpublizierenden und unabhängigen Autorin,
verstehen sich als kleine Gesamt-Kunstwerke.
Vom Cover über Illustration und Gestaltung,
bis hin zum letzten Punkt,

stammt alles aus ihrer Feder.

160

Weitere Bücher von M.G.St.

Der Kalender zum Buch:

Zwischen Brauchtum & Aberglaube

Der (unendliche) Kalender nicht nur zum Buch

Taschenbuchqualität
152 Seiten
Sonderformat 17 cm x 17 cm

ISBN: 978-3744892841

John K. Rickert (Krimi in Serie)

Fälle eines Detektivs

Vorteilsausgabe mit Band I und II in einer Ausgabe.
Taschenbuch (12cm x 19cm)
332 Seiten

ISBN: 9 783839 170489

Fantasy, oder wahre Geschichte?

Von heiter bis nachdenklich mit Schmunzelfaktor angereichert, finden Sie 20 unterhaltsame Geschichten voller Zauber und Magie, aber auch Mysterien. Nicht immer ist klar ersichtlich, ob die Geschichten reine Fantasie sind, oder vielleicht doch einer wahren Erzählung entspringen...

20 Geschichten

aus dem Kessel der Hexen

Taschenbuch (12cm x 19cm)
244 Seiten

ISBN: 9 783741 289613
ISBN: 9 783839 170489

Nur 12,99 €

Rechtliche Hinweise

und Quellen

Persönliche
Die Erzählungen realer Personen wurden niedergeschrieben und nicht auf ihren Wahrheitsgehalt überprüft. Die ursprünglichen Erzähler sind durch mündliche Überlieferungen entweder unbekannt, oder wollen nicht namentlich genannt werden.

Quellen im Internet,

- bezüglich Daten und Namen von Päpsten, u. a. namentlich genannten Personen, die für dieses Buch Verwendung fanden, finden Sie auf www.wikkipedia.de.
- bezüglich Daten des keltischen Baumkalenders finden Sie auf www.baumhoroskop.ch
- bezüglich Kirchenjahr und Daten finden Sie auf www.katholisch.de und www.namenstage.katholisch.de

Weiteres Recherchematerial:
Rauhnächte im Bayerischen Wald – Josef Probst
Die weiße Magie der Hexen - Anthea
Heilpflanzen und Mysterienpflanzen - Werner-Christian Simonis
Faust - Goethe

164